THIS LOG BOOK BELONGS TO

KIND&SAVAGE

# Monthly goals

## GOALS

### JANUARY

- 
- 
- 

### FEBRUARY

- 
- 
- 

### MARCH

- 
- 
- 

### APRIL

- 
- 
- 

### MAY

- 
- 
- 

### JUNE

- 
- 
-

# Monthly goals

## GOALS

### JULY

### AUGUST

### SEPTEMBER

### OCTOBER

### NOVEMBER

### DECEMBER

# Weekly Log

| | WEEK 1 | WEEK 2 | WEEK 3 | WEEK 4 | WEEK 5 | TOTAL | AVERAGE |
|---|---|---|---|---|---|---|---|
| MILES/KM | | | | | | | |
| TIME | | | | | | | |

**NOTES**

| | WEEK 1 | WEEK 2 | WEEK 3 | WEEK 4 | WEEK 5 | TOTAL | AVERAGE |
|---|---|---|---|---|---|---|---|
| MILES/KM | | | | | | | |
| TIME | | | | | | | |

**NOTES**

| | WEEK 1 | WEEK 2 | WEEK 3 | WEEK 4 | WEEK 5 | TOTAL | AVERAGE |
|---|---|---|---|---|---|---|---|
| MILES/KM | | | | | | | |
| TIME | | | | | | | |

**NOTES**

**FAVORITE QUOTE** " "

# Weekly Log

| | WEEK 1 | WEEK 2 | WEEK 3 | WEEK 4 | WEEK 5 | TOTAL | AVERAGE |
|---|---|---|---|---|---|---|---|
| MILES/KM | | | | | | | |
| TIME | | | | | | | |

**NOTES**

| | WEEK 1 | WEEK 2 | WEEK 3 | WEEK 4 | WEEK 5 | TOTAL | AVERAGE |
|---|---|---|---|---|---|---|---|
| MILES/KM | | | | | | | |
| TIME | | | | | | | |

**NOTES**

| | WEEK 1 | WEEK 2 | WEEK 3 | WEEK 4 | WEEK 5 | TOTAL | AVERAGE |
|---|---|---|---|---|---|---|---|
| MILES/KM | | | | | | | |
| TIME | | | | | | | |

**NOTES**

**FAVORITE QUOTE** " "

# Weekly Log

| | WEEK 1 | WEEK 2 | WEEK 3 | WEEK 4 | WEEK 5 | TOTAL | AVERAGE |
|---|---|---|---|---|---|---|---|
| MILES/KM | | | | | | | |
| TIME | | | | | | | |

**NOTES**

| | WEEK 1 | WEEK 2 | WEEK 3 | WEEK 4 | WEEK 5 | TOTAL | AVERAGE |
|---|---|---|---|---|---|---|---|
| MILES/KM | | | | | | | |
| TIME | | | | | | | |

**NOTES**

| | WEEK 1 | WEEK 2 | WEEK 3 | WEEK 4 | WEEK 5 | TOTAL | AVERAGE |
|---|---|---|---|---|---|---|---|
| MILES/KM | | | | | | | |
| TIME | | | | | | | |

**NOTES**

**FAVORITE QUOTE** " "

# Weekly Log

| | WEEK 1 | WEEK 2 | WEEK 3 | WEEK 4 | WEEK 5 | TOTAL | AVERAGE |
|---|---|---|---|---|---|---|---|
| MILES/KM | | | | | | | |
| TIME | | | | | | | |

**NOTES**

| | WEEK 1 | WEEK 2 | WEEK 3 | WEEK 4 | WEEK 5 | TOTAL | AVERAGE |
|---|---|---|---|---|---|---|---|
| MILES/KM | | | | | | | |
| TIME | | | | | | | |

**NOTES**

| | WEEK 1 | WEEK 2 | WEEK 3 | WEEK 4 | WEEK 5 | TOTAL | AVERAGE |
|---|---|---|---|---|---|---|---|
| MILES/KM | | | | | | | |
| TIME | | | | | | | |

**NOTES**

**FAVORITE QUOTE** "                    "

# Running Log

| DATE | DISTANCE | TIME | PACE | HR | REST HR | RUN TYPE |
|------|----------|------|------|----|---------|-----------|
|      |          |      |      |    |         |           |

**NOTES**

|  |  |  |  |  |  |  |
|--|--|--|--|--|--|--|
|  |  |  |  |  |  |  |

**NOTES**

|  |  |  |  |  |  |  |
|--|--|--|--|--|--|--|
|  |  |  |  |  |  |  |

**NOTES**

|  |  |  |  |  |  |  |
|--|--|--|--|--|--|--|
|  |  |  |  |  |  |  |

**NOTES**

|  |  |  |  |  |  |  |
|--|--|--|--|--|--|--|
|  |  |  |  |  |  |  |

**NOTES**

|  |  |  |  |  |  |  |
|--|--|--|--|--|--|--|
|  |  |  |  |  |  |  |

**NOTES**

|  |  |  |  |  |  |  |
|--|--|--|--|--|--|--|
|  |  |  |  |  |  |  |

**NOTES**

|  |  |  |  |  |  |  |
|--|--|--|--|--|--|--|
|  |  |  |  |  |  |  |

**NOTES**

|  |  |  |  |  |  |  |
|--|--|--|--|--|--|--|
|  |  |  |  |  |  |  |

**NOTES**

|  |  |  |  |  |  |  |
|--|--|--|--|--|--|--|
|  |  |  |  |  |  |  |

**NOTES**

|  |  |  |  |  |  |  |
|--|--|--|--|--|--|--|
|  |  |  |  |  |  |  |

**NOTES**

# Running Log

| DATE | DISTANCE | TIME | PACE | HR | REST HR | RUN TYPE |
|------|----------|------|------|-----|---------|----------|
|      |          |      |      |     |         |          |

NOTES

|      |          |      |      |     |         |          |

NOTES

|      |          |      |      |     |         |          |

NOTES

|      |          |      |      |     |         |          |

NOTES

|      |          |      |      |     |         |          |

NOTES

|      |          |      |      |     |         |          |

NOTES

|      |          |      |      |     |         |          |

NOTES

|      |          |      |      |     |         |          |

NOTES

|      |          |      |      |     |         |          |

NOTES

|      |          |      |      |     |         |          |

NOTES

|      |          |      |      |     |         |          |

NOTES

# Running Log

| DATE | DISTANCE | TIME | PACE | HR | REST HR | RUN TYPE |
|------|----------|------|------|-----|---------|----------|
|      |          |      |      |     |         |          |

NOTES

|      |          |      |      |     |         |          |

NOTES

|      |          |      |      |     |         |          |

NOTES

|      |          |      |      |     |         |          |

NOTES

|      |          |      |      |     |         |          |

NOTES

|      |          |      |      |     |         |          |

NOTES

|      |          |      |      |     |         |          |

NOTES

|      |          |      |      |     |         |          |

NOTES

|      |          |      |      |     |         |          |

NOTES

|      |          |      |      |     |         |          |

NOTES

# Running Log

| DATE | DISTANCE | TIME | PACE | HR | REST HR | RUN TYPE |
|------|----------|------|------|----|---------|----------|
|      |          |      |      |    |         |          |

NOTES

| | | | | | | |
|--|--|--|--|--|--|--|
| | | | | | | |

NOTES

| | | | | | | |
|--|--|--|--|--|--|--|
| | | | | | | |

NOTES

| | | | | | | |
|--|--|--|--|--|--|--|
| | | | | | | |

NOTES

| | | | | | | |
|--|--|--|--|--|--|--|
| | | | | | | |

NOTES

| | | | | | | |
|--|--|--|--|--|--|--|
| | | | | | | |

NOTES

| | | | | | | |
|--|--|--|--|--|--|--|
| | | | | | | |

NOTES

| | | | | | | |
|--|--|--|--|--|--|--|
| | | | | | | |

NOTES

| | | | | | | |
|--|--|--|--|--|--|--|
| | | | | | | |

NOTES

| | | | | | | |
|--|--|--|--|--|--|--|
| | | | | | | |

NOTES

# Running Log

| DATE | DISTANCE | TIME | PACE | HR | REST HR | RUN TYPE |
|------|----------|------|------|----|---------|----------|
|      |          |      |      |    |         |          |

NOTES

| | | | | | | |
|------|----------|------|------|----|---------|----------|
|      |          |      |      |    |         |          |

NOTES

| | | | | | | |
|------|----------|------|------|----|---------|----------|
|      |          |      |      |    |         |          |

NOTES

| | | | | | | |
|------|----------|------|------|----|---------|----------|
|      |          |      |      |    |         |          |

NOTES

| | | | | | | |
|------|----------|------|------|----|---------|----------|
|      |          |      |      |    |         |          |

NOTES

| | | | | | | |
|------|----------|------|------|----|---------|----------|
|      |          |      |      |    |         |          |

NOTES

| | | | | | | |
|------|----------|------|------|----|---------|----------|
|      |          |      |      |    |         |          |

NOTES

| | | | | | | |
|------|----------|------|------|----|---------|----------|
|      |          |      |      |    |         |          |

NOTES

| | | | | | | |
|------|----------|------|------|----|---------|----------|
|      |          |      |      |    |         |          |

NOTES

| | | | | | | |
|------|----------|------|------|----|---------|----------|
|      |          |      |      |    |         |          |

NOTES

# Running Log

| DATE | DISTANCE | TIME | PACE | HR | REST HR | RUN TYPE |
|------|----------|------|------|-----|---------|----------|
|      |          |      |      |     |         |          |

NOTES

|      |          |      |      |     |         |          |

NOTES

|      |          |      |      |     |         |          |

NOTES

|      |          |      |      |     |         |          |

NOTES

|      |          |      |      |     |         |          |

NOTES

|      |          |      |      |     |         |          |

NOTES

|      |          |      |      |     |         |          |

NOTES

|      |          |      |      |     |         |          |

NOTES

|      |          |      |      |     |         |          |

NOTES

|      |          |      |      |     |         |          |

NOTES

# Running Log

| DATE | DISTANCE | TIME | PACE | HR | REST HR | RUN TYPE |
|------|----------|------|------|-----|---------|----------|
|      |          |      |      |     |         |          |

**NOTES**

| | | | | | | |
|------|----------|------|------|-----|---------|----------|
| | | | | | | |

**NOTES**

| | | | | | | |
|------|----------|------|------|-----|---------|----------|
| | | | | | | |

**NOTES**

| | | | | | | |
|------|----------|------|------|-----|---------|----------|
| | | | | | | |

**NOTES**

| | | | | | | |
|------|----------|------|------|-----|---------|----------|
| | | | | | | |

**NOTES**

| | | | | | | |
|------|----------|------|------|-----|---------|----------|
| | | | | | | |

**NOTES**

| | | | | | | |
|------|----------|------|------|-----|---------|----------|
| | | | | | | |

**NOTES**

| | | | | | | |
|------|----------|------|------|-----|---------|----------|
| | | | | | | |

**NOTES**

| | | | | | | |
|------|----------|------|------|-----|---------|----------|
| | | | | | | |

**NOTES**

| | | | | | | |
|------|----------|------|------|-----|---------|----------|
| | | | | | | |

**NOTES**

# Running Log

| DATE | DISTANCE | TIME | PACE | HR | REST HR | RUN TYPE |
|------|----------|------|------|-----|---------|----------|
|      |          |      |      |     |         |          |

**NOTES**

| | | | | | | |
|------|----------|------|------|-----|---------|----------|
|      |          |      |      |     |         |          |

**NOTES**

| | | | | | | |
|------|----------|------|------|-----|---------|----------|
|      |          |      |      |     |         |          |

**NOTES**

| | | | | | | |
|------|----------|------|------|-----|---------|----------|
|      |          |      |      |     |         |          |

**NOTES**

| | | | | | | |
|------|----------|------|------|-----|---------|----------|
|      |          |      |      |     |         |          |

**NOTES**

| | | | | | | |
|------|----------|------|------|-----|---------|----------|
|      |          |      |      |     |         |          |

**NOTES**

| | | | | | | |
|------|----------|------|------|-----|---------|----------|
|      |          |      |      |     |         |          |

**NOTES**

| | | | | | | |
|------|----------|------|------|-----|---------|----------|
|      |          |      |      |     |         |          |

**NOTES**

| | | | | | | |
|------|----------|------|------|-----|---------|----------|
|      |          |      |      |     |         |          |

**NOTES**

| | | | | | | |
|------|----------|------|------|-----|---------|----------|
|      |          |      |      |     |         |          |

**NOTES**

# Running Log

| DATE | DISTANCE | TIME | PACE | HR | REST HR | RUN TYPE |
|------|----------|------|------|-----|---------|----------|
|      |          |      |      |     |         |          |

NOTES

| | | | | | | |
|---|---|---|---|---|---|---|

NOTES

| | | | | | | |
|---|---|---|---|---|---|---|

NOTES

| | | | | | | |
|---|---|---|---|---|---|---|

NOTES

| | | | | | | |
|---|---|---|---|---|---|---|

NOTES

| | | | | | | |
|---|---|---|---|---|---|---|

NOTES

| | | | | | | |
|---|---|---|---|---|---|---|

NOTES

| | | | | | | |
|---|---|---|---|---|---|---|

NOTES

| | | | | | | |
|---|---|---|---|---|---|---|

NOTES

| | | | | | | |
|---|---|---|---|---|---|---|

NOTES

# Running Log

| DATE | DISTANCE | TIME | PACE | HR | REST HR | RUN TYPE |
|------|----------|------|------|-----|---------|----------|
|      |          |      |      |     |         |          |

NOTES

|      |          |      |      |     |         |          |

NOTES

|      |          |      |      |     |         |          |

NOTES

|      |          |      |      |     |         |          |

NOTES

|      |          |      |      |     |         |          |

NOTES

|      |          |      |      |     |         |          |

NOTES

|      |          |      |      |     |         |          |

NOTES

|      |          |      |      |     |         |          |

NOTES

|      |          |      |      |     |         |          |

NOTES

|      |          |      |      |     |         |          |

NOTES

# Running Log

| DATE | DISTANCE | TIME | PACE | HR | REST HR | RUN TYPE |
|------|----------|------|------|-----|---------|----------|
|      |          |      |      |     |         |          |

**NOTES**

| | | | | | | |
|--|--|--|--|--|--|--|
| | | | | | | |

**NOTES**

| | | | | | | |
|--|--|--|--|--|--|--|
| | | | | | | |

**NOTES**

| | | | | | | |
|--|--|--|--|--|--|--|
| | | | | | | |

**NOTES**

| | | | | | | |
|--|--|--|--|--|--|--|
| | | | | | | |

**NOTES**

| | | | | | | |
|--|--|--|--|--|--|--|
| | | | | | | |

**NOTES**

| | | | | | | |
|--|--|--|--|--|--|--|
| | | | | | | |

**NOTES**

| | | | | | | |
|--|--|--|--|--|--|--|
| | | | | | | |

**NOTES**

| | | | | | | |
|--|--|--|--|--|--|--|
| | | | | | | |

**NOTES**

| | | | | | | |
|--|--|--|--|--|--|--|
| | | | | | | |

**NOTES**

| | | | | | | |
|--|--|--|--|--|--|--|
| | | | | | | |

**NOTES**

# Running Log

| DATE | DISTANCE | TIME | PACE | HR | REST HR | RUN TYPE |
|------|----------|------|------|----|---------|----------|
|      |          |      |      |    |         |          |

**NOTES**

| | | | | | | |
|--|--|--|--|--|--|--|
| | | | | | | |

**NOTES**

| | | | | | | |
|--|--|--|--|--|--|--|
| | | | | | | |

**NOTES**

| | | | | | | |
|--|--|--|--|--|--|--|
| | | | | | | |

**NOTES**

| | | | | | | |
|--|--|--|--|--|--|--|
| | | | | | | |

**NOTES**

| | | | | | | |
|--|--|--|--|--|--|--|
| | | | | | | |

**NOTES**

| | | | | | | |
|--|--|--|--|--|--|--|
| | | | | | | |

**NOTES**

| | | | | | | |
|--|--|--|--|--|--|--|
| | | | | | | |

**NOTES**

| | | | | | | |
|--|--|--|--|--|--|--|
| | | | | | | |

**NOTES**

| | | | | | | |
|--|--|--|--|--|--|--|
| | | | | | | |

**NOTES**

| | | | | | | |
|--|--|--|--|--|--|--|
| | | | | | | |

**NOTES**

# Running Log

| DATE | DISTANCE | TIME | PACE | HR | REST HR | RUN TYPE |
|------|----------|------|------|-----|---------|----------|
|      |          |      |      |     |         |          |

NOTES

| | | | | | | |
|--|--|--|--|--|--|--|
| | | | | | | |

NOTES

| | | | | | | |
|--|--|--|--|--|--|--|
| | | | | | | |

NOTES

| | | | | | | |
|--|--|--|--|--|--|--|
| | | | | | | |

NOTES

| | | | | | | |
|--|--|--|--|--|--|--|
| | | | | | | |

NOTES

| | | | | | | |
|--|--|--|--|--|--|--|
| | | | | | | |

NOTES

| | | | | | | |
|--|--|--|--|--|--|--|
| | | | | | | |

NOTES

| | | | | | | |
|--|--|--|--|--|--|--|
| | | | | | | |

NOTES

| | | | | | | |
|--|--|--|--|--|--|--|
| | | | | | | |

NOTES

| | | | | | | |
|--|--|--|--|--|--|--|
| | | | | | | |

NOTES

# Running Log

| DATE | DISTANCE | TIME | PACE | HR | REST HR | RUN TYPE |
|------|----------|------|------|----|---------|----------|
|      |          |      |      |    |         |          |

NOTES

| | | | | | | |
|--|--|--|--|--|--|--|
| | | | | | | |

NOTES

| | | | | | | |
|--|--|--|--|--|--|--|
| | | | | | | |

NOTES

| | | | | | | |
|--|--|--|--|--|--|--|
| | | | | | | |

NOTES

| | | | | | | |
|--|--|--|--|--|--|--|
| | | | | | | |

NOTES

| | | | | | | |
|--|--|--|--|--|--|--|
| | | | | | | |

NOTES

| | | | | | | |
|--|--|--|--|--|--|--|
| | | | | | | |

NOTES

| | | | | | | |
|--|--|--|--|--|--|--|
| | | | | | | |

NOTES

| | | | | | | |
|--|--|--|--|--|--|--|
| | | | | | | |

NOTES

| | | | | | | |
|--|--|--|--|--|--|--|
| | | | | | | |

NOTES

| | | | | | | |
|--|--|--|--|--|--|--|
| | | | | | | |

NOTES

# Running Log

| DATE | DISTANCE | TIME | PACE | HR | REST HR | RUN TYPE |
|------|----------|------|------|-----|---------|----------|
|      |          |      |      |     |         |          |

NOTES

| | | | | | | |
|--|--|--|--|--|--|--|
| | | | | | | |

NOTES

| | | | | | | |
|--|--|--|--|--|--|--|
| | | | | | | |

NOTES

| | | | | | | |
|--|--|--|--|--|--|--|
| | | | | | | |

NOTES

| | | | | | | |
|--|--|--|--|--|--|--|
| | | | | | | |

NOTES

| | | | | | | |
|--|--|--|--|--|--|--|
| | | | | | | |

NOTES

| | | | | | | |
|--|--|--|--|--|--|--|
| | | | | | | |

NOTES

| | | | | | | |
|--|--|--|--|--|--|--|
| | | | | | | |

NOTES

| | | | | | | |
|--|--|--|--|--|--|--|
| | | | | | | |

NOTES

| | | | | | | |
|--|--|--|--|--|--|--|
| | | | | | | |

NOTES

# Running Log

| DATE | DISTANCE | TIME | PACE | HR | REST HR | RUN TYPE |
|------|----------|------|------|-----|---------|----------|
|      |          |      |      |     |         |          |

NOTES

|      |          |      |      |     |         |          |

NOTES

|      |          |      |      |     |         |          |

NOTES

|      |          |      |      |     |         |          |

NOTES

|      |          |      |      |     |         |          |

NOTES

|      |          |      |      |     |         |          |

NOTES

|      |          |      |      |     |         |          |

NOTES

|      |          |      |      |     |         |          |

NOTES

|      |          |      |      |     |         |          |

NOTES

|      |          |      |      |     |         |          |

NOTES

# Running Log

| DATE | DISTANCE | TIME | PACE | HR | REST HR | RUN TYPE |
|------|----------|------|------|----|---------|----------|
|      |          |      |      |    |         |          |

NOTES

|      |          |      |      |    |         |          |

NOTES

|      |          |      |      |    |         |          |

NOTES

|      |          |      |      |    |         |          |

NOTES

|      |          |      |      |    |         |          |

NOTES

|      |          |      |      |    |         |          |

NOTES

|      |          |      |      |    |         |          |

NOTES

|      |          |      |      |    |         |          |

NOTES

|      |          |      |      |    |         |          |

NOTES

|      |          |      |      |    |         |          |

NOTES

# Running Log

| DATE | DISTANCE | TIME | PACE | HR | REST HR | RUN TYPE |
|------|----------|------|------|----|---------|----------|
|      |          |      |      |    |         |          |

NOTES

| | | | | | | |
|---|---|---|---|---|---|---|
|  |  |  |  |  |  |  |

NOTES

| | | | | | | |
|---|---|---|---|---|---|---|
|  |  |  |  |  |  |  |

NOTES

| | | | | | | |
|---|---|---|---|---|---|---|
|  |  |  |  |  |  |  |

NOTES

| | | | | | | |
|---|---|---|---|---|---|---|
|  |  |  |  |  |  |  |

NOTES

| | | | | | | |
|---|---|---|---|---|---|---|
|  |  |  |  |  |  |  |

NOTES

| | | | | | | |
|---|---|---|---|---|---|---|
|  |  |  |  |  |  |  |

NOTES

| | | | | | | |
|---|---|---|---|---|---|---|
|  |  |  |  |  |  |  |

NOTES

| | | | | | | |
|---|---|---|---|---|---|---|
|  |  |  |  |  |  |  |

NOTES

| | | | | | | |
|---|---|---|---|---|---|---|
|  |  |  |  |  |  |  |

NOTES

# Running Log

| DATE | DISTANCE | TIME | PACE | HR | REST HR | RUN TYPE |
|------|----------|------|------|-----|---------|----------|
|      |          |      |      |     |         |          |

NOTES

|      |          |      |      |     |         |          |

NOTES

|      |          |      |      |     |         |          |

NOTES

|      |          |      |      |     |         |          |

NOTES

|      |          |      |      |     |         |          |

NOTES

|      |          |      |      |     |         |          |

NOTES

|      |          |      |      |     |         |          |

NOTES

|      |          |      |      |     |         |          |

NOTES

|      |          |      |      |     |         |          |

NOTES

|      |          |      |      |     |         |          |

NOTES

|      |          |      |      |     |         |          |

NOTES

# Running Log

| DATE | DISTANCE | TIME | PACE | HR | REST HR | RUN TYPE |
|------|----------|------|------|-----|---------|----------|
|      |          |      |      |     |         |          |

NOTES

| | | | | | | |
|--|--|--|--|--|--|--|
|      |          |      |      |     |         |          |

NOTES

| | | | | | | |
|--|--|--|--|--|--|--|
|      |          |      |      |     |         |          |

NOTES

| | | | | | | |
|--|--|--|--|--|--|--|
|      |          |      |      |     |         |          |

NOTES

| | | | | | | |
|--|--|--|--|--|--|--|
|      |          |      |      |     |         |          |

NOTES

| | | | | | | |
|--|--|--|--|--|--|--|
|      |          |      |      |     |         |          |

NOTES

| | | | | | | |
|--|--|--|--|--|--|--|
|      |          |      |      |     |         |          |

NOTES

| | | | | | | |
|--|--|--|--|--|--|--|
|      |          |      |      |     |         |          |

NOTES

| | | | | | | |
|--|--|--|--|--|--|--|
|      |          |      |      |     |         |          |

NOTES

| | | | | | | |
|--|--|--|--|--|--|--|
|      |          |      |      |     |         |          |

NOTES

# Running Log

| DATE | DISTANCE | TIME | PACE | HR | REST HR | RUN TYPE |
|------|----------|------|------|-----|---------|----------|
|      |          |      |      |     |         |          |

NOTES

| | | | | | | |
|--|--|--|--|--|--|--|
|  |  |  |  |  |  |  |

NOTES

| | | | | | | |
|--|--|--|--|--|--|--|
|  |  |  |  |  |  |  |

NOTES

| | | | | | | |
|--|--|--|--|--|--|--|
|  |  |  |  |  |  |  |

NOTES

| | | | | | | |
|--|--|--|--|--|--|--|
|  |  |  |  |  |  |  |

NOTES

| | | | | | | |
|--|--|--|--|--|--|--|
|  |  |  |  |  |  |  |

NOTES

| | | | | | | |
|--|--|--|--|--|--|--|
|  |  |  |  |  |  |  |

NOTES

| | | | | | | |
|--|--|--|--|--|--|--|
|  |  |  |  |  |  |  |

NOTES

| | | | | | | |
|--|--|--|--|--|--|--|
|  |  |  |  |  |  |  |

NOTES

| | | | | | | |
|--|--|--|--|--|--|--|
|  |  |  |  |  |  |  |

NOTES

# Running Log

| DATE | DISTANCE | TIME | PACE | HR | REST HR | RUN TYPE |
|------|----------|------|------|-----|---------|----------|
|      |          |      |      |     |         |          |

**NOTES**

| | | | | | | |
|------|----------|------|------|-----|---------|----------|
|      |          |      |      |     |         |          |

**NOTES**

| | | | | | | |
|------|----------|------|------|-----|---------|----------|
|      |          |      |      |     |         |          |

**NOTES**

| | | | | | | |
|------|----------|------|------|-----|---------|----------|
|      |          |      |      |     |         |          |

**NOTES**

| | | | | | | |
|------|----------|------|------|-----|---------|----------|
|      |          |      |      |     |         |          |

**NOTES**

| | | | | | | |
|------|----------|------|------|-----|---------|----------|
|      |          |      |      |     |         |          |

**NOTES**

| | | | | | | |
|------|----------|------|------|-----|---------|----------|
|      |          |      |      |     |         |          |

**NOTES**

| | | | | | | |
|------|----------|------|------|-----|---------|----------|
|      |          |      |      |     |         |          |

**NOTES**

| | | | | | | |
|------|----------|------|------|-----|---------|----------|
|      |          |      |      |     |         |          |

**NOTES**

| | | | | | | |
|------|----------|------|------|-----|---------|----------|
|      |          |      |      |     |         |          |

**NOTES**

| | | | | | | |
|------|----------|------|------|-----|---------|----------|
|      |          |      |      |     |         |          |

**NOTES**

# Running Log

| DATE | DISTANCE | TIME | PACE | HR | REST HR | RUN TYPE |
|------|----------|------|------|-----|---------|----------|
|      |          |      |      |     |         |          |

NOTES

| | | | | | | |
|---|---|---|---|---|---|---|
| | | | | | | |

NOTES

| | | | | | | |
|---|---|---|---|---|---|---|
| | | | | | | |

NOTES

| | | | | | | |
|---|---|---|---|---|---|---|
| | | | | | | |

NOTES

| | | | | | | |
|---|---|---|---|---|---|---|
| | | | | | | |

NOTES

| | | | | | | |
|---|---|---|---|---|---|---|
| | | | | | | |

NOTES

| | | | | | | |
|---|---|---|---|---|---|---|
| | | | | | | |

NOTES

| | | | | | | |
|---|---|---|---|---|---|---|
| | | | | | | |

NOTES

| | | | | | | |
|---|---|---|---|---|---|---|
| | | | | | | |

NOTES

| | | | | | | |
|---|---|---|---|---|---|---|
| | | | | | | |

NOTES

# Running Log

| DATE | DISTANCE | TIME | PACE | HR | REST HR | RUN TYPE |
|------|----------|------|------|----|---------|----------|
|      |          |      |      |    |         |          |

NOTES

| | | | | | | |
|---|---|---|---|---|---|---|
|   |   |   |   |   |   |   |

NOTES

| | | | | | | |
|---|---|---|---|---|---|---|
|   |   |   |   |   |   |   |

NOTES

| | | | | | | |
|---|---|---|---|---|---|---|
|   |   |   |   |   |   |   |

NOTES

| | | | | | | |
|---|---|---|---|---|---|---|
|   |   |   |   |   |   |   |

NOTES

| | | | | | | |
|---|---|---|---|---|---|---|
|   |   |   |   |   |   |   |

NOTES

| | | | | | | |
|---|---|---|---|---|---|---|
|   |   |   |   |   |   |   |

NOTES

| | | | | | | |
|---|---|---|---|---|---|---|
|   |   |   |   |   |   |   |

NOTES

| | | | | | | |
|---|---|---|---|---|---|---|
|   |   |   |   |   |   |   |

NOTES

| | | | | | | |
|---|---|---|---|---|---|---|
|   |   |   |   |   |   |   |

NOTES

# Running Log

| DATE | DISTANCE | TIME | PACE | HR | REST HR | RUN TYPE |
|------|----------|------|------|-----|---------|----------|
|      |          |      |      |     |         |          |

**NOTES**

| | | | | | | |
|--|--|--|--|--|--|--|
|  |  |  |  |  |  |  |

**NOTES**

| | | | | | | |
|--|--|--|--|--|--|--|
|  |  |  |  |  |  |  |

**NOTES**

| | | | | | | |
|--|--|--|--|--|--|--|
|  |  |  |  |  |  |  |

**NOTES**

| | | | | | | |
|--|--|--|--|--|--|--|
|  |  |  |  |  |  |  |

**NOTES**

| | | | | | | |
|--|--|--|--|--|--|--|
|  |  |  |  |  |  |  |

**NOTES**

| | | | | | | |
|--|--|--|--|--|--|--|
|  |  |  |  |  |  |  |

**NOTES**

| | | | | | | |
|--|--|--|--|--|--|--|
|  |  |  |  |  |  |  |

**NOTES**

| | | | | | | |
|--|--|--|--|--|--|--|
|  |  |  |  |  |  |  |

**NOTES**

| | | | | | | |
|--|--|--|--|--|--|--|
|  |  |  |  |  |  |  |

**NOTES**

| | | | | | | |
|--|--|--|--|--|--|--|
|  |  |  |  |  |  |  |

**NOTES**

# Running Log

| DATE | DISTANCE | TIME | PACE | HR | REST HR | RUN TYPE |
|------|----------|------|------|----|---------|----------|
|      |          |      |      |    |         |          |

NOTES

| | | | | | | |
|--|--|--|--|--|--|--|
| | | | | | | |

NOTES

| | | | | | | |
|--|--|--|--|--|--|--|
| | | | | | | |

NOTES

| | | | | | | |
|--|--|--|--|--|--|--|
| | | | | | | |

NOTES

| | | | | | | |
|--|--|--|--|--|--|--|
| | | | | | | |

NOTES

| | | | | | | |
|--|--|--|--|--|--|--|
| | | | | | | |

NOTES

| | | | | | | |
|--|--|--|--|--|--|--|
| | | | | | | |

NOTES

| | | | | | | |
|--|--|--|--|--|--|--|
| | | | | | | |

NOTES

| | | | | | | |
|--|--|--|--|--|--|--|
| | | | | | | |

NOTES

| | | | | | | |
|--|--|--|--|--|--|--|
| | | | | | | |

NOTES

# Running Log

| DATE | DISTANCE | TIME | PACE | HR | REST HR | RUN TYPE |
|------|----------|------|------|-----|---------|----------|
|      |          |      |      |     |         |          |

NOTES

| | | | | | | |
|------|----------|------|------|-----|---------|----------|
|      |          |      |      |     |         |          |

NOTES

| | | | | | | |
|------|----------|------|------|-----|---------|----------|
|      |          |      |      |     |         |          |

NOTES

| | | | | | | |
|------|----------|------|------|-----|---------|----------|
|      |          |      |      |     |         |          |

NOTES

| | | | | | | |
|------|----------|------|------|-----|---------|----------|
|      |          |      |      |     |         |          |

NOTES

| | | | | | | |
|------|----------|------|------|-----|---------|----------|
|      |          |      |      |     |         |          |

NOTES

| | | | | | | |
|------|----------|------|------|-----|---------|----------|
|      |          |      |      |     |         |          |

NOTES

| | | | | | | |
|------|----------|------|------|-----|---------|----------|
|      |          |      |      |     |         |          |

NOTES

| | | | | | | |
|------|----------|------|------|-----|---------|----------|
|      |          |      |      |     |         |          |

NOTES

| | | | | | | |
|------|----------|------|------|-----|---------|----------|
|      |          |      |      |     |         |          |

NOTES

# Running Log

| DATE | DISTANCE | TIME | PACE | HR | REST HR | RUN TYPE |
|------|----------|------|------|----|---------|----------|
|      |          |      |      |    |         |          |

NOTES

|      |          |      |      |    |         |          |

NOTES

|      |          |      |      |    |         |          |

NOTES

|      |          |      |      |    |         |          |

NOTES

|      |          |      |      |    |         |          |

NOTES

|      |          |      |      |    |         |          |

NOTES

|      |          |      |      |    |         |          |

NOTES

|      |          |      |      |    |         |          |

NOTES

|      |          |      |      |    |         |          |

NOTES

|      |          |      |      |    |         |          |

NOTES

# Running Log

| DATE | DISTANCE | TIME | PACE | HR | REST HR | RUN TYPE |
|------|----------|------|------|----|---------|----------|
|      |          |      |      |    |         |          |

**NOTES**

| DATE | DISTANCE | TIME | PACE | HR | REST HR | RUN TYPE |
|------|----------|------|------|----|---------|----------|
|      |          |      |      |    |         |          |

**NOTES**

| DATE | DISTANCE | TIME | PACE | HR | REST HR | RUN TYPE |
|------|----------|------|------|----|---------|----------|
|      |          |      |      |    |         |          |

**NOTES**

| DATE | DISTANCE | TIME | PACE | HR | REST HR | RUN TYPE |
|------|----------|------|------|----|---------|----------|
|      |          |      |      |    |         |          |

**NOTES**

| DATE | DISTANCE | TIME | PACE | HR | REST HR | RUN TYPE |
|------|----------|------|------|----|---------|----------|
|      |          |      |      |    |         |          |

**NOTES**

| DATE | DISTANCE | TIME | PACE | HR | REST HR | RUN TYPE |
|------|----------|------|------|----|---------|----------|
|      |          |      |      |    |         |          |

**NOTES**

| DATE | DISTANCE | TIME | PACE | HR | REST HR | RUN TYPE |
|------|----------|------|------|----|---------|----------|
|      |          |      |      |    |         |          |

**NOTES**

| DATE | DISTANCE | TIME | PACE | HR | REST HR | RUN TYPE |
|------|----------|------|------|----|---------|----------|
|      |          |      |      |    |         |          |

**NOTES**

| DATE | DISTANCE | TIME | PACE | HR | REST HR | RUN TYPE |
|------|----------|------|------|----|---------|----------|
|      |          |      |      |    |         |          |

**NOTES**

| DATE | DISTANCE | TIME | PACE | HR | REST HR | RUN TYPE |
|------|----------|------|------|----|---------|----------|
|      |          |      |      |    |         |          |

**NOTES**

# Running Log

| DATE | DISTANCE | TIME | PACE | HR | REST HR | RUN TYPE |
|------|----------|------|------|-----|---------|----------|
|      |          |      |      |     |         |          |

NOTES

|      |          |      |      |     |         |          |

NOTES

|      |          |      |      |     |         |          |

NOTES

|      |          |      |      |     |         |          |

NOTES

|      |          |      |      |     |         |          |

NOTES

|      |          |      |      |     |         |          |

NOTES

|      |          |      |      |     |         |          |

NOTES

|      |          |      |      |     |         |          |

NOTES

|      |          |      |      |     |         |          |

NOTES

|      |          |      |      |     |         |          |

NOTES

# Running Log

| DATE | DISTANCE | TIME | PACE | HR | REST HR | RUN TYPE |
|------|----------|------|------|-----|---------|----------|
|      |          |      |      |     |         |          |

NOTES

|  |  |  |  |  |  |  |
|--|--|--|--|--|--|--|
|  |  |  |  |  |  |  |

NOTES

|  |  |  |  |  |  |  |
|--|--|--|--|--|--|--|
|  |  |  |  |  |  |  |

NOTES

|  |  |  |  |  |  |  |
|--|--|--|--|--|--|--|
|  |  |  |  |  |  |  |

NOTES

|  |  |  |  |  |  |  |
|--|--|--|--|--|--|--|
|  |  |  |  |  |  |  |

NOTES

|  |  |  |  |  |  |  |
|--|--|--|--|--|--|--|
|  |  |  |  |  |  |  |

NOTES

|  |  |  |  |  |  |  |
|--|--|--|--|--|--|--|
|  |  |  |  |  |  |  |

NOTES

|  |  |  |  |  |  |  |
|--|--|--|--|--|--|--|
|  |  |  |  |  |  |  |

NOTES

|  |  |  |  |  |  |  |
|--|--|--|--|--|--|--|
|  |  |  |  |  |  |  |

NOTES

|  |  |  |  |  |  |  |
|--|--|--|--|--|--|--|
|  |  |  |  |  |  |  |

NOTES

|  |  |  |  |  |  |  |
|--|--|--|--|--|--|--|
|  |  |  |  |  |  |  |

NOTES

# Running Log

| DATE | DISTANCE | TIME | PACE | HR | REST HR | RUN TYPE |
|------|----------|------|------|----|---------| ---------|
|      |          |      |      |    |         |          |

**NOTES**

| DATE | DISTANCE | TIME | PACE | HR | REST HR | RUN TYPE |
|------|----------|------|------|----|---------| ---------|
|      |          |      |      |    |         |          |

**NOTES**

| DATE | DISTANCE | TIME | PACE | HR | REST HR | RUN TYPE |
|------|----------|------|------|----|---------| ---------|
|      |          |      |      |    |         |          |

**NOTES**

| DATE | DISTANCE | TIME | PACE | HR | REST HR | RUN TYPE |
|------|----------|------|------|----|---------| ---------|
|      |          |      |      |    |         |          |

**NOTES**

| DATE | DISTANCE | TIME | PACE | HR | REST HR | RUN TYPE |
|------|----------|------|------|----|---------| ---------|
|      |          |      |      |    |         |          |

**NOTES**

| DATE | DISTANCE | TIME | PACE | HR | REST HR | RUN TYPE |
|------|----------|------|------|----|---------| ---------|
|      |          |      |      |    |         |          |

**NOTES**

| DATE | DISTANCE | TIME | PACE | HR | REST HR | RUN TYPE |
|------|----------|------|------|----|---------| ---------|
|      |          |      |      |    |         |          |

**NOTES**

| DATE | DISTANCE | TIME | PACE | HR | REST HR | RUN TYPE |
|------|----------|------|------|----|---------| ---------|
|      |          |      |      |    |         |          |

**NOTES**

| DATE | DISTANCE | TIME | PACE | HR | REST HR | RUN TYPE |
|------|----------|------|------|----|---------| ---------|
|      |          |      |      |    |         |          |

**NOTES**

| DATE | DISTANCE | TIME | PACE | HR | REST HR | RUN TYPE |
|------|----------|------|------|----|---------| ---------|
|      |          |      |      |    |         |          |

**NOTES**

# Running Log

| DATE | DISTANCE | TIME | PACE | HR | REST HR | RUN TYPE |
|------|----------|------|------|-----|---------|----------|
|      |          |      |      |     |         |          |

NOTES

|      |          |      |      |     |         |          |

NOTES

|      |          |      |      |     |         |          |

NOTES

|      |          |      |      |     |         |          |

NOTES

|      |          |      |      |     |         |          |

NOTES

|      |          |      |      |     |         |          |

NOTES

|      |          |      |      |     |         |          |

NOTES

|      |          |      |      |     |         |          |

NOTES

|      |          |      |      |     |         |          |

NOTES

|      |          |      |      |     |         |          |

NOTES

# Running Log

| DATE | DISTANCE | TIME | PACE | HR | REST HR | RUN TYPE |
|------|----------|------|------|----|---------|---------| 
|      |          |      |      |    |         |          |

**NOTES**

|      |          |      |      |    |         |          |

**NOTES**

|      |          |      |      |    |         |          |

**NOTES**

|      |          |      |      |    |         |          |

**NOTES**

|      |          |      |      |    |         |          |

**NOTES**

|      |          |      |      |    |         |          |

**NOTES**

|      |          |      |      |    |         |          |

**NOTES**

|      |          |      |      |    |         |          |

**NOTES**

|      |          |      |      |    |         |          |

**NOTES**

|      |          |      |      |    |         |          |

**NOTES**

# notes

# notes

# Monthly goals

## GOALS

### JANUARY

### FEBRUARY

### MARCH

### APRIL

### MAY

### JUNE

# Monthly goals

## GOALS

### JULY

### AUGUST

### SEPTEMBER

### OCTOBER

### NOVEMBER

### DECEMBER

# Weekly Log

| | WEEK 1 | WEEK 2 | WEEK 3 | WEEK 4 | WEEK 5 | TOTAL | AVERAGE |
|---|---|---|---|---|---|---|---|
| MILES/KM | | | | | | | |
| TIME | | | | | | | |

**NOTES**

| | WEEK 1 | WEEK 2 | WEEK 3 | WEEK 4 | WEEK 5 | TOTAL | AVERAGE |
|---|---|---|---|---|---|---|---|
| MILES/KM | | | | | | | |
| TIME | | | | | | | |

**NOTES**

| | WEEK 1 | WEEK 2 | WEEK 3 | WEEK 4 | WEEK 5 | TOTAL | AVERAGE |
|---|---|---|---|---|---|---|---|
| MILES/KM | | | | | | | |
| TIME | | | | | | | |

**NOTES**

**FAVORITE QUOTE** "                                                              "

# Weekly Log

| | WEEK 1 | WEEK 2 | WEEK 3 | WEEK 4 | WEEK 5 | TOTAL | AVERAGE |
|---|---|---|---|---|---|---|---|
| MILES/KM | | | | | | | |
| TIME | | | | | | | |
| NOTES | | | | | | | |

| | WEEK 1 | WEEK 2 | WEEK 3 | WEEK 4 | WEEK 5 | TOTAL | AVERAGE |
|---|---|---|---|---|---|---|---|
| MILES/KM | | | | | | | |
| TIME | | | | | | | |
| NOTES | | | | | | | |

| | WEEK 1 | WEEK 2 | WEEK 3 | WEEK 4 | WEEK 5 | TOTAL | AVERAGE |
|---|---|---|---|---|---|---|---|
| MILES/KM | | | | | | | |
| TIME | | | | | | | |
| NOTES | | | | | | | |

**FAVORITE QUOTE** " "

# Weekly Log

| | WEEK 1 | WEEK 2 | WEEK 3 | WEEK 4 | WEEK 5 | TOTAL | AVERAGE |
|---|---|---|---|---|---|---|---|
| MILES/KM | | | | | | | |
| TIME | | | | | | | |

**NOTES**

| | WEEK 1 | WEEK 2 | WEEK 3 | WEEK 4 | WEEK 5 | TOTAL | AVERAGE |
|---|---|---|---|---|---|---|---|
| MILES/KM | | | | | | | |
| TIME | | | | | | | |

**NOTES**

| | WEEK 1 | WEEK 2 | WEEK 3 | WEEK 4 | WEEK 5 | TOTAL | AVERAGE |
|---|---|---|---|---|---|---|---|
| MILES/KM | | | | | | | |
| TIME | | | | | | | |

**NOTES**

**FAVORITE QUOTE** " "

# Weekly Log

| | WEEK 1 | WEEK 2 | WEEK 3 | WEEK 4 | WEEK 5 | TOTAL | AVERAGE |
|---|---|---|---|---|---|---|---|
| MILES/KM | | | | | | | |
| TIME | | | | | | | |

**NOTES**

| | WEEK 1 | WEEK 2 | WEEK 3 | WEEK 4 | WEEK 5 | TOTAL | AVERAGE |
|---|---|---|---|---|---|---|---|
| MILES/KM | | | | | | | |
| TIME | | | | | | | |

**NOTES**

| | WEEK 1 | WEEK 2 | WEEK 3 | WEEK 4 | WEEK 5 | TOTAL | AVERAGE |
|---|---|---|---|---|---|---|---|
| MILES/KM | | | | | | | |
| TIME | | | | | | | |

**NOTES**

**FAVORITE QUOTE** " "

# Running Log

| DATE | DISTANCE | TIME | PACE | HR | REST HR | RUN TYPE |
|------|----------|------|------|----|---------|----------|
|      |          |      |      |    |         |          |

NOTES

|      |          |      |      |    |         |          |

NOTES

|      |          |      |      |    |         |          |

NOTES

|      |          |      |      |    |         |          |

NOTES

|      |          |      |      |    |         |          |

NOTES

|      |          |      |      |    |         |          |

NOTES

|      |          |      |      |    |         |          |

NOTES

|      |          |      |      |    |         |          |

NOTES

|      |          |      |      |    |         |          |

NOTES

|      |          |      |      |    |         |          |

NOTES

# Running Log

| DATE | DISTANCE | TIME | PACE | HR | REST HR | RUN TYPE |
|------|----------|------|------|-----|---------|----------|
|      |          |      |      |     |         |          |

NOTES

|      |          |      |      |     |         |          |

NOTES

|      |          |      |      |     |         |          |

NOTES

|      |          |      |      |     |         |          |

NOTES

|      |          |      |      |     |         |          |

NOTES

|      |          |      |      |     |         |          |

NOTES

|      |          |      |      |     |         |          |

NOTES

|      |          |      |      |     |         |          |

NOTES

|      |          |      |      |     |         |          |

NOTES

|      |          |      |      |     |         |          |

NOTES

# Running Log

| DATE | DISTANCE | TIME | PACE | HR | REST HR | RUN TYPE |
|------|----------|------|------|----|---------|----------|
|      |          |      |      |    |         |          |

NOTES

| | | | | | | |
|--|--|--|--|--|--|--|
| | | | | | | |

NOTES

| | | | | | | |
|--|--|--|--|--|--|--|
| | | | | | | |

NOTES

| | | | | | | |
|--|--|--|--|--|--|--|
| | | | | | | |

NOTES

| | | | | | | |
|--|--|--|--|--|--|--|
| | | | | | | |

NOTES

| | | | | | | |
|--|--|--|--|--|--|--|
| | | | | | | |

NOTES

| | | | | | | |
|--|--|--|--|--|--|--|
| | | | | | | |

NOTES

| | | | | | | |
|--|--|--|--|--|--|--|
| | | | | | | |

NOTES

| | | | | | | |
|--|--|--|--|--|--|--|
| | | | | | | |

NOTES

| | | | | | | |
|--|--|--|--|--|--|--|
| | | | | | | |

NOTES

| | | | | | | |
|--|--|--|--|--|--|--|
| | | | | | | |

NOTES

# Running Log

| DATE | DISTANCE | TIME | PACE | HR | REST HR | RUN TYPE |
|------|----------|------|------|-----|---------|----------|
|      |          |      |      |     |         |          |

NOTES

| | | | | | | |
|---|---|---|---|---|---|---|
|      |          |      |      |     |         |          |

NOTES

| | | | | | | |
|---|---|---|---|---|---|---|
|      |          |      |      |     |         |          |

NOTES

| | | | | | | |
|---|---|---|---|---|---|---|
|      |          |      |      |     |         |          |

NOTES

| | | | | | | |
|---|---|---|---|---|---|---|
|      |          |      |      |     |         |          |

NOTES

| | | | | | | |
|---|---|---|---|---|---|---|
|      |          |      |      |     |         |          |

NOTES

| | | | | | | |
|---|---|---|---|---|---|---|
|      |          |      |      |     |         |          |

NOTES

| | | | | | | |
|---|---|---|---|---|---|---|
|      |          |      |      |     |         |          |

NOTES

| | | | | | | |
|---|---|---|---|---|---|---|
|      |          |      |      |     |         |          |

NOTES

| | | | | | | |
|---|---|---|---|---|---|---|
|      |          |      |      |     |         |          |

NOTES

# Running Log

| DATE | DISTANCE | TIME | PACE | HR | REST HR | RUN TYPE |
|------|----------|------|------|-----|---------|----------|
|      |          |      |      |     |         |          |

NOTES

| | | | | | | |
|--|--|--|--|--|--|--|
| | | | | | | |

NOTES

| | | | | | | |
|--|--|--|--|--|--|--|
| | | | | | | |

NOTES

| | | | | | | |
|--|--|--|--|--|--|--|
| | | | | | | |

NOTES

| | | | | | | |
|--|--|--|--|--|--|--|
| | | | | | | |

NOTES

| | | | | | | |
|--|--|--|--|--|--|--|
| | | | | | | |

NOTES

| | | | | | | |
|--|--|--|--|--|--|--|
| | | | | | | |

NOTES

| | | | | | | |
|--|--|--|--|--|--|--|
| | | | | | | |

NOTES

| | | | | | | |
|--|--|--|--|--|--|--|
| | | | | | | |

NOTES

| | | | | | | |
|--|--|--|--|--|--|--|
| | | | | | | |

NOTES

# Running Log

| DATE | DISTANCE | TIME | PACE | HR | REST HR | RUN TYPE |
|------|----------|------|------|-----|---------|----------|
|      |          |      |      |     |         |          |

NOTES

|      |          |      |      |     |         |          |

NOTES

|      |          |      |      |     |         |          |

NOTES

|      |          |      |      |     |         |          |

NOTES

|      |          |      |      |     |         |          |

NOTES

|      |          |      |      |     |         |          |

NOTES

|      |          |      |      |     |         |          |

NOTES

|      |          |      |      |     |         |          |

NOTES

|      |          |      |      |     |         |          |

NOTES

|      |          |      |      |     |         |          |

NOTES

# Running Log

| DATE | DISTANCE | TIME | PACE | HR | REST HR | RUN TYPE |
|------|----------|------|------|-----|---------|----------|
|      |          |      |      |     |         |          |

NOTES

| | | | | | | |
|---|---|---|---|---|---|---|
| | | | | | | |

NOTES

| | | | | | | |
|---|---|---|---|---|---|---|
| | | | | | | |

NOTES

| | | | | | | |
|---|---|---|---|---|---|---|
| | | | | | | |

NOTES

| | | | | | | |
|---|---|---|---|---|---|---|
| | | | | | | |

NOTES

| | | | | | | |
|---|---|---|---|---|---|---|
| | | | | | | |

NOTES

| | | | | | | |
|---|---|---|---|---|---|---|
| | | | | | | |

NOTES

| | | | | | | |
|---|---|---|---|---|---|---|
| | | | | | | |

NOTES

| | | | | | | |
|---|---|---|---|---|---|---|
| | | | | | | |

NOTES

| | | | | | | |
|---|---|---|---|---|---|---|
| | | | | | | |

NOTES

# Running Log

| DATE | DISTANCE | TIME | PACE | HR | REST HR | RUN TYPE |
|------|----------|------|------|-----|---------|----------|
|      |          |      |      |     |         |          |

**NOTES**

|      |          |      |      |     |         |          |

**NOTES**

|      |          |      |      |     |         |          |

**NOTES**

|      |          |      |      |     |         |          |

**NOTES**

|      |          |      |      |     |         |          |

**NOTES**

|      |          |      |      |     |         |          |

**NOTES**

|      |          |      |      |     |         |          |

**NOTES**

|      |          |      |      |     |         |          |

**NOTES**

|      |          |      |      |     |         |          |

**NOTES**

|      |          |      |      |     |         |          |

**NOTES**

# Running Log

| DATE | DISTANCE | TIME | PACE | HR | REST HR | RUN TYPE |
|------|----------|------|------|-----|---------|----------|
|      |          |      |      |     |         |          |

NOTES

|      |          |      |      |     |         |          |

NOTES

|      |          |      |      |     |         |          |

NOTES

|      |          |      |      |     |         |          |

NOTES

|      |          |      |      |     |         |          |

NOTES

|      |          |      |      |     |         |          |

NOTES

|      |          |      |      |     |         |          |

NOTES

|      |          |      |      |     |         |          |

NOTES

|      |          |      |      |     |         |          |

NOTES

|      |          |      |      |     |         |          |

NOTES

# Running Log

| DATE | DISTANCE | TIME | PACE | HR | REST HR | RUN TYPE |
|------|----------|------|------|-----|---------|----------|
|      |          |      |      |     |         |          |

**NOTES**

| DATE | DISTANCE | TIME | PACE | HR | REST HR | RUN TYPE |
|------|----------|------|------|-----|---------|----------|
|      |          |      |      |     |         |          |

**NOTES**

| DATE | DISTANCE | TIME | PACE | HR | REST HR | RUN TYPE |
|------|----------|------|------|-----|---------|----------|
|      |          |      |      |     |         |          |

**NOTES**

| DATE | DISTANCE | TIME | PACE | HR | REST HR | RUN TYPE |
|------|----------|------|------|-----|---------|----------|
|      |          |      |      |     |         |          |

**NOTES**

| DATE | DISTANCE | TIME | PACE | HR | REST HR | RUN TYPE |
|------|----------|------|------|-----|---------|----------|
|      |          |      |      |     |         |          |

**NOTES**

| DATE | DISTANCE | TIME | PACE | HR | REST HR | RUN TYPE |
|------|----------|------|------|-----|---------|----------|
|      |          |      |      |     |         |          |

**NOTES**

| DATE | DISTANCE | TIME | PACE | HR | REST HR | RUN TYPE |
|------|----------|------|------|-----|---------|----------|
|      |          |      |      |     |         |          |

**NOTES**

| DATE | DISTANCE | TIME | PACE | HR | REST HR | RUN TYPE |
|------|----------|------|------|-----|---------|----------|
|      |          |      |      |     |         |          |

**NOTES**

| DATE | DISTANCE | TIME | PACE | HR | REST HR | RUN TYPE |
|------|----------|------|------|-----|---------|----------|
|      |          |      |      |     |         |          |

**NOTES**

| DATE | DISTANCE | TIME | PACE | HR | REST HR | RUN TYPE |
|------|----------|------|------|-----|---------|----------|
|      |          |      |      |     |         |          |

**NOTES**

# Running Log

| DATE | DISTANCE | TIME | PACE | HR | REST HR | RUN TYPE |
|------|----------|------|------|----|---------|----------|
|      |          |      |      |    |         |          |

**NOTES**

| | | | | | | |
|------|----------|------|------|----|---------|----------|
|      |          |      |      |    |         |          |

**NOTES**

| | | | | | | |
|------|----------|------|------|----|---------|----------|
|      |          |      |      |    |         |          |

**NOTES**

| | | | | | | |
|------|----------|------|------|----|---------|----------|
|      |          |      |      |    |         |          |

**NOTES**

| | | | | | | |
|------|----------|------|------|----|---------|----------|
|      |          |      |      |    |         |          |

**NOTES**

| | | | | | | |
|------|----------|------|------|----|---------|----------|
|      |          |      |      |    |         |          |

**NOTES**

| | | | | | | |
|------|----------|------|------|----|---------|----------|
|      |          |      |      |    |         |          |

**NOTES**

| | | | | | | |
|------|----------|------|------|----|---------|----------|
|      |          |      |      |    |         |          |

**NOTES**

| | | | | | | |
|------|----------|------|------|----|---------|----------|
|      |          |      |      |    |         |          |

**NOTES**

| | | | | | | |
|------|----------|------|------|----|---------|----------|
|      |          |      |      |    |         |          |

**NOTES**

| | | | | | | |
|------|----------|------|------|----|---------|----------|
|      |          |      |      |    |         |          |

**NOTES**

# Running Log

| DATE | DISTANCE | TIME | PACE | HR | REST HR | RUN TYPE |
|------|----------|------|------|-----|---------|----------|
|      |          |      |      |     |         |          |

NOTES

|      |          |      |      |     |         |          |

NOTES

|      |          |      |      |     |         |          |

NOTES

|      |          |      |      |     |         |          |

NOTES

|      |          |      |      |     |         |          |

NOTES

|      |          |      |      |     |         |          |

NOTES

|      |          |      |      |     |         |          |

NOTES

|      |          |      |      |     |         |          |

NOTES

|      |          |      |      |     |         |          |

NOTES

|      |          |      |      |     |         |          |

NOTES

|      |          |      |      |     |         |          |

NOTES

# Running Log

| DATE | DISTANCE | TIME | PACE | HR | REST HR | RUN TYPE |
|------|----------|------|------|----|---------|----------|
|      |          |      |      |    |         |          |

NOTES

|      |          |      |      |    |         |          |

NOTES

|      |          |      |      |    |         |          |

NOTES

|      |          |      |      |    |         |          |

NOTES

|      |          |      |      |    |         |          |

NOTES

|      |          |      |      |    |         |          |

NOTES

|      |          |      |      |    |         |          |

NOTES

|      |          |      |      |    |         |          |

NOTES

|      |          |      |      |    |         |          |

NOTES

|      |          |      |      |    |         |          |

NOTES

# Running Log

| DATE | DISTANCE | TIME | PACE | HR | REST HR | RUN TYPE |
|------|----------|------|------|-----|---------|----------|
|      |          |      |      |     |         |          |

NOTES

|      |          |      |      |     |         |          |

NOTES

|      |          |      |      |     |         |          |

NOTES

|      |          |      |      |     |         |          |

NOTES

|      |          |      |      |     |         |          |

NOTES

|      |          |      |      |     |         |          |

NOTES

|      |          |      |      |     |         |          |

NOTES

|      |          |      |      |     |         |          |

NOTES

|      |          |      |      |     |         |          |

NOTES

|      |          |      |      |     |         |          |

NOTES

|      |          |      |      |     |         |          |

NOTES

# Running Log

| DATE | DISTANCE | TIME | PACE | HR | REST HR | RUN TYPE |
|------|----------|------|------|-----|---------|----------|
|      |          |      |      |     |         |          |

NOTES

|      |          |      |      |     |         |          |

NOTES

|      |          |      |      |     |         |          |

NOTES

|      |          |      |      |     |         |          |

NOTES

|      |          |      |      |     |         |          |

NOTES

|      |          |      |      |     |         |          |

NOTES

|      |          |      |      |     |         |          |

NOTES

|      |          |      |      |     |         |          |

NOTES

|      |          |      |      |     |         |          |

NOTES

|      |          |      |      |     |         |          |

NOTES

|      |          |      |      |     |         |          |

NOTES

# Running Log

| DATE | DISTANCE | TIME | PACE | HR | REST HR | RUN TYPE |
|------|----------|------|------|----|---------|----------|
|      |          |      |      |    |         |          |

NOTES

| | | | | | | |
|------|----------|------|------|----|---------|----------|
|      |          |      |      |    |         |          |

NOTES

| | | | | | | |
|------|----------|------|------|----|---------|----------|
|      |          |      |      |    |         |          |

NOTES

| | | | | | | |
|------|----------|------|------|----|---------|----------|
|      |          |      |      |    |         |          |

NOTES

| | | | | | | |
|------|----------|------|------|----|---------|----------|
|      |          |      |      |    |         |          |

NOTES

| | | | | | | |
|------|----------|------|------|----|---------|----------|
|      |          |      |      |    |         |          |

NOTES

| | | | | | | |
|------|----------|------|------|----|---------|----------|
|      |          |      |      |    |         |          |

NOTES

| | | | | | | |
|------|----------|------|------|----|---------|----------|
|      |          |      |      |    |         |          |

NOTES

| | | | | | | |
|------|----------|------|------|----|---------|----------|
|      |          |      |      |    |         |          |

NOTES

| | | | | | | |
|------|----------|------|------|----|---------|----------|
|      |          |      |      |    |         |          |

NOTES

# Running Log

| DATE | DISTANCE | TIME | PACE | HR | REST HR | RUN TYPE |
|------|----------|------|------|-----|---------|----------|
|      |          |      |      |     |         |          |

NOTES

| | | | | | | |
|------|----------|------|------|-----|---------|----------|
|      |          |      |      |     |         |          |

NOTES

| | | | | | | |
|------|----------|------|------|-----|---------|----------|
|      |          |      |      |     |         |          |

NOTES

| | | | | | | |
|------|----------|------|------|-----|---------|----------|
|      |          |      |      |     |         |          |

NOTES

| | | | | | | |
|------|----------|------|------|-----|---------|----------|
|      |          |      |      |     |         |          |

NOTES

| | | | | | | |
|------|----------|------|------|-----|---------|----------|
|      |          |      |      |     |         |          |

NOTES

| | | | | | | |
|------|----------|------|------|-----|---------|----------|
|      |          |      |      |     |         |          |

NOTES

| | | | | | | |
|------|----------|------|------|-----|---------|----------|
|      |          |      |      |     |         |          |

NOTES

| | | | | | | |
|------|----------|------|------|-----|---------|----------|
|      |          |      |      |     |         |          |

NOTES

| | | | | | | |
|------|----------|------|------|-----|---------|----------|
|      |          |      |      |     |         |          |

NOTES

# Running Log

| DATE | DISTANCE | TIME | PACE | HR | REST HR | RUN TYPE |
|------|----------|------|------|----|---------|----------|
|      |          |      |      |    |         |          |

NOTES

| | | | | | | |
|---|---|---|---|---|---|---|
| | | | | | | |

NOTES

| | | | | | | |
|---|---|---|---|---|---|---|
| | | | | | | |

NOTES

| | | | | | | |
|---|---|---|---|---|---|---|
| | | | | | | |

NOTES

| | | | | | | |
|---|---|---|---|---|---|---|
| | | | | | | |

NOTES

| | | | | | | |
|---|---|---|---|---|---|---|
| | | | | | | |

NOTES

| | | | | | | |
|---|---|---|---|---|---|---|
| | | | | | | |

NOTES

| | | | | | | |
|---|---|---|---|---|---|---|
| | | | | | | |

NOTES

| | | | | | | |
|---|---|---|---|---|---|---|
| | | | | | | |

NOTES

| | | | | | | |
|---|---|---|---|---|---|---|
| | | | | | | |

NOTES

| | | | | | | |
|---|---|---|---|---|---|---|
| | | | | | | |

NOTES

# Running Log

| DATE | DISTANCE | TIME | PACE | HR | REST HR | RUN TYPE |
|------|----------|------|------|-----|---------|----------|
|      |          |      |      |     |         |          |

**NOTES**

| | | | | | | |
|------|----------|------|------|-----|---------|----------|
|      |          |      |      |     |         |          |

**NOTES**

| | | | | | | |
|------|----------|------|------|-----|---------|----------|
|      |          |      |      |     |         |          |

**NOTES**

| | | | | | | |
|------|----------|------|------|-----|---------|----------|
|      |          |      |      |     |         |          |

**NOTES**

| | | | | | | |
|------|----------|------|------|-----|---------|----------|
|      |          |      |      |     |         |          |

**NOTES**

| | | | | | | |
|------|----------|------|------|-----|---------|----------|
|      |          |      |      |     |         |          |

**NOTES**

| | | | | | | |
|------|----------|------|------|-----|---------|----------|
|      |          |      |      |     |         |          |

**NOTES**

| | | | | | | |
|------|----------|------|------|-----|---------|----------|
|      |          |      |      |     |         |          |

**NOTES**

| | | | | | | |
|------|----------|------|------|-----|---------|----------|
|      |          |      |      |     |         |          |

**NOTES**

| | | | | | | |
|------|----------|------|------|-----|---------|----------|
|      |          |      |      |     |         |          |

**NOTES**

# Running Log

| DATE | DISTANCE | TIME | PACE | HR | REST HR | RUN TYPE |
|------|----------|------|------|-----|---------|----------|
|      |          |      |      |     |         |          |

NOTES

| | | | | | | |
|---|---|---|---|---|---|---|
| | | | | | | |

NOTES

| | | | | | | |
|---|---|---|---|---|---|---|
| | | | | | | |

NOTES

| | | | | | | |
|---|---|---|---|---|---|---|
| | | | | | | |

NOTES

| | | | | | | |
|---|---|---|---|---|---|---|
| | | | | | | |

NOTES

| | | | | | | |
|---|---|---|---|---|---|---|
| | | | | | | |

NOTES

| | | | | | | |
|---|---|---|---|---|---|---|
| | | | | | | |

NOTES

| | | | | | | |
|---|---|---|---|---|---|---|
| | | | | | | |

NOTES

| | | | | | | |
|---|---|---|---|---|---|---|
| | | | | | | |

NOTES

| | | | | | | |
|---|---|---|---|---|---|---|
| | | | | | | |

NOTES

# Running Log

| DATE | DISTANCE | TIME | PACE | HR | REST HR | RUN TYPE |
|------|----------|------|------|----|---------| ---------|
|      |          |      |      |    |         |          |

**NOTES**

| | | | | | | |
|--|--|--|--|--|--|--|
| | | | | | | |

**NOTES**

| | | | | | | |
|--|--|--|--|--|--|--|
| | | | | | | |

**NOTES**

| | | | | | | |
|--|--|--|--|--|--|--|
| | | | | | | |

**NOTES**

| | | | | | | |
|--|--|--|--|--|--|--|
| | | | | | | |

**NOTES**

| | | | | | | |
|--|--|--|--|--|--|--|
| | | | | | | |

**NOTES**

| | | | | | | |
|--|--|--|--|--|--|--|
| | | | | | | |

**NOTES**

| | | | | | | |
|--|--|--|--|--|--|--|
| | | | | | | |

**NOTES**

| | | | | | | |
|--|--|--|--|--|--|--|
| | | | | | | |

**NOTES**

| | | | | | | |
|--|--|--|--|--|--|--|
| | | | | | | |

**NOTES**

# Running Log

| DATE | DISTANCE | TIME | PACE | HR | REST HR | RUN TYPE |
|------|----------|------|------|-----|---------|----------|
|      |          |      |      |     |         |          |

NOTES

| | | | | | | |
|--|--|--|--|--|--|--|
| | | | | | | |

NOTES

| | | | | | | |
|--|--|--|--|--|--|--|
| | | | | | | |

NOTES

| | | | | | | |
|--|--|--|--|--|--|--|
| | | | | | | |

NOTES

| | | | | | | |
|--|--|--|--|--|--|--|
| | | | | | | |

NOTES

| | | | | | | |
|--|--|--|--|--|--|--|
| | | | | | | |

NOTES

| | | | | | | |
|--|--|--|--|--|--|--|
| | | | | | | |

NOTES

| | | | | | | |
|--|--|--|--|--|--|--|
| | | | | | | |

NOTES

| | | | | | | |
|--|--|--|--|--|--|--|
| | | | | | | |

NOTES

| | | | | | | |
|--|--|--|--|--|--|--|
| | | | | | | |

NOTES

# Running Log

| DATE | DISTANCE | TIME | PACE | HR | REST HR | RUN TYPE |
|------|----------|------|------|-----|---------|----------|
|      |          |      |      |     |         |          |

NOTES

|      |          |      |      |     |         |          |

NOTES

|      |          |      |      |     |         |          |

NOTES

|      |          |      |      |     |         |          |

NOTES

|      |          |      |      |     |         |          |

NOTES

|      |          |      |      |     |         |          |

NOTES

|      |          |      |      |     |         |          |

NOTES

|      |          |      |      |     |         |          |

NOTES

|      |          |      |      |     |         |          |

NOTES

|      |          |      |      |     |         |          |

NOTES

# Running Log

| DATE | DISTANCE | TIME | PACE | HR | REST HR | RUN TYPE |
|------|----------|------|------|-----|---------|----------|
|      |          |      |      |     |         |          |

NOTES

|  |  |  |  |  |  |  |
|--|--|--|--|--|--|--|
|  |  |  |  |  |  |  |

NOTES

|  |  |  |  |  |  |  |
|--|--|--|--|--|--|--|
|  |  |  |  |  |  |  |

NOTES

|  |  |  |  |  |  |  |
|--|--|--|--|--|--|--|
|  |  |  |  |  |  |  |

NOTES

|  |  |  |  |  |  |  |
|--|--|--|--|--|--|--|
|  |  |  |  |  |  |  |

NOTES

|  |  |  |  |  |  |  |
|--|--|--|--|--|--|--|
|  |  |  |  |  |  |  |

NOTES

|  |  |  |  |  |  |  |
|--|--|--|--|--|--|--|
|  |  |  |  |  |  |  |

NOTES

|  |  |  |  |  |  |  |
|--|--|--|--|--|--|--|
|  |  |  |  |  |  |  |

NOTES

|  |  |  |  |  |  |  |
|--|--|--|--|--|--|--|
|  |  |  |  |  |  |  |

NOTES

|  |  |  |  |  |  |  |
|--|--|--|--|--|--|--|
|  |  |  |  |  |  |  |

NOTES

|  |  |  |  |  |  |  |
|--|--|--|--|--|--|--|
|  |  |  |  |  |  |  |

NOTES

# Running Log

| DATE | DISTANCE | TIME | PACE | HR | REST HR | RUN TYPE |
|------|----------|------|------|-----|---------|----------|
|      |          |      |      |     |         |          |

NOTES

|      |          |      |      |     |         |          |

NOTES

|      |          |      |      |     |         |          |

NOTES

|      |          |      |      |     |         |          |

NOTES

|      |          |      |      |     |         |          |

NOTES

|      |          |      |      |     |         |          |

NOTES

|      |          |      |      |     |         |          |

NOTES

|      |          |      |      |     |         |          |

NOTES

|      |          |      |      |     |         |          |

NOTES

|      |          |      |      |     |         |          |

NOTES

# Running Log

| DATE | DISTANCE | TIME | PACE | HR | REST HR | RUN TYPE |
|------|----------|------|------|----|---------|----------|
|      |          |      |      |    |         |          |

NOTES

| | | | | | | |
|---|---|---|---|---|---|---|
| | | | | | | |

NOTES

| | | | | | | |
|---|---|---|---|---|---|---|
| | | | | | | |

NOTES

| | | | | | | |
|---|---|---|---|---|---|---|
| | | | | | | |

NOTES

| | | | | | | |
|---|---|---|---|---|---|---|
| | | | | | | |

NOTES

| | | | | | | |
|---|---|---|---|---|---|---|
| | | | | | | |

NOTES

| | | | | | | |
|---|---|---|---|---|---|---|
| | | | | | | |

NOTES

| | | | | | | |
|---|---|---|---|---|---|---|
| | | | | | | |

NOTES

| | | | | | | |
|---|---|---|---|---|---|---|
| | | | | | | |

NOTES

| | | | | | | |
|---|---|---|---|---|---|---|
| | | | | | | |

NOTES

# Running Log

| DATE | DISTANCE | TIME | PACE | HR | REST HR | RUN TYPE |
|------|----------|------|------|-----|---------|----------|
|      |          |      |      |     |         |          |

NOTES

|      |          |      |      |     |         |          |

NOTES

|      |          |      |      |     |         |          |

NOTES

|      |          |      |      |     |         |          |

NOTES

|      |          |      |      |     |         |          |

NOTES

|      |          |      |      |     |         |          |

NOTES

|      |          |      |      |     |         |          |

NOTES

|      |          |      |      |     |         |          |

NOTES

|      |          |      |      |     |         |          |

NOTES

|      |          |      |      |     |         |          |

NOTES

|      |          |      |      |     |         |          |

NOTES

# Running Log

| DATE | DISTANCE | TIME | PACE | HR | REST HR | RUN TYPE |
|------|----------|------|------|-----|---------|----------|
|      |          |      |      |     |         |          |

NOTES

| | | | | | | |
|--|--|--|--|--|--|--|
| | | | | | | |

NOTES

| | | | | | | |
|--|--|--|--|--|--|--|
| | | | | | | |

NOTES

| | | | | | | |
|--|--|--|--|--|--|--|
| | | | | | | |

NOTES

| | | | | | | |
|--|--|--|--|--|--|--|
| | | | | | | |

NOTES

| | | | | | | |
|--|--|--|--|--|--|--|
| | | | | | | |

NOTES

| | | | | | | |
|--|--|--|--|--|--|--|
| | | | | | | |

NOTES

| | | | | | | |
|--|--|--|--|--|--|--|
| | | | | | | |

NOTES

| | | | | | | |
|--|--|--|--|--|--|--|
| | | | | | | |

NOTES

| | | | | | | |
|--|--|--|--|--|--|--|
| | | | | | | |

NOTES

# Running Log

| DATE | DISTANCE | TIME | PACE | HR | REST HR | RUN TYPE |
|------|----------|------|------|-----|---------|----------|
|      |          |      |      |     |         |          |

NOTES

|      |          |      |      |     |         |          |

NOTES

|      |          |      |      |     |         |          |

NOTES

|      |          |      |      |     |         |          |

NOTES

|      |          |      |      |     |         |          |

NOTES

|      |          |      |      |     |         |          |

NOTES

|      |          |      |      |     |         |          |

NOTES

|      |          |      |      |     |         |          |

NOTES

|      |          |      |      |     |         |          |

NOTES

|      |          |      |      |     |         |          |

NOTES

# Running Log

| DATE | DISTANCE | TIME | PACE | HR | REST HR | RUN TYPE |
|------|----------|------|------|----|---------|----------|
|      |          |      |      |    |         |          |

NOTES

| | | | | | | |
|------|----------|------|------|----|---------|----------|
|      |          |      |      |    |         |          |

NOTES

| | | | | | | |
|------|----------|------|------|----|---------|----------|
|      |          |      |      |    |         |          |

NOTES

| | | | | | | |
|------|----------|------|------|----|---------|----------|
|      |          |      |      |    |         |          |

NOTES

| | | | | | | |
|------|----------|------|------|----|---------|----------|
|      |          |      |      |    |         |          |

NOTES

| | | | | | | |
|------|----------|------|------|----|---------|----------|
|      |          |      |      |    |         |          |

NOTES

| | | | | | | |
|------|----------|------|------|----|---------|----------|
|      |          |      |      |    |         |          |

NOTES

| | | | | | | |
|------|----------|------|------|----|---------|----------|
|      |          |      |      |    |         |          |

NOTES

| | | | | | | |
|------|----------|------|------|----|---------|----------|
|      |          |      |      |    |         |          |

NOTES

| | | | | | | |
|------|----------|------|------|----|---------|----------|
|      |          |      |      |    |         |          |

NOTES

# Running Log

| DATE | DISTANCE | TIME | PACE | HR | REST HR | RUN TYPE |
|------|----------|------|------|-----|---------|----------|
|      |          |      |      |     |         |          |
| NOTES | | | | | | |
|      |          |      |      |     |         |          |
| NOTES | | | | | | |
|      |          |      |      |     |         |          |
| NOTES | | | | | | |
|      |          |      |      |     |         |          |
| NOTES | | | | | | |
|      |          |      |      |     |         |          |
| NOTES | | | | | | |
|      |          |      |      |     |         |          |
| NOTES | | | | | | |
|      |          |      |      |     |         |          |
| NOTES | | | | | | |
|      |          |      |      |     |         |          |
| NOTES | | | | | | |
|      |          |      |      |     |         |          |
| NOTES | | | | | | |
|      |          |      |      |     |         |          |
| NOTES | | | | | | |

# Running Log

| DATE | DISTANCE | TIME | PACE | HR | REST HR | RUN TYPE |
|------|----------|------|------|-----|---------|----------|
|      |          |      |      |     |         |          |

NOTES

| | | | | | | |
|------|----------|------|------|-----|---------|----------|
| | | | | | | |

NOTES

| | | | | | | |
|------|----------|------|------|-----|---------|----------|
| | | | | | | |

NOTES

| | | | | | | |
|------|----------|------|------|-----|---------|----------|
| | | | | | | |

NOTES

| | | | | | | |
|------|----------|------|------|-----|---------|----------|
| | | | | | | |

NOTES

| | | | | | | |
|------|----------|------|------|-----|---------|----------|
| | | | | | | |

NOTES

| | | | | | | |
|------|----------|------|------|-----|---------|----------|
| | | | | | | |

NOTES

| | | | | | | |
|------|----------|------|------|-----|---------|----------|
| | | | | | | |

NOTES

| | | | | | | |
|------|----------|------|------|-----|---------|----------|
| | | | | | | |

NOTES

| | | | | | | |
|------|----------|------|------|-----|---------|----------|
| | | | | | | |

NOTES

# Running Log

| DATE | DISTANCE | TIME | PACE | HR | REST HR | RUN TYPE |
|------|----------|------|------|-----|---------|----------|
|      |          |      |      |     |         |          |

NOTES

|      |          |      |      |     |         |          |

NOTES

|      |          |      |      |     |         |          |

NOTES

|      |          |      |      |     |         |          |

NOTES

|      |          |      |      |     |         |          |

NOTES

|      |          |      |      |     |         |          |

NOTES

|      |          |      |      |     |         |          |

NOTES

|      |          |      |      |     |         |          |

NOTES

|      |          |      |      |     |         |          |

NOTES

|      |          |      |      |     |         |          |

NOTES

# Running Log

| DATE | DISTANCE | TIME | PACE | HR | REST HR | RUN TYPE |
|------|----------|------|------|----|---------|----------|
|      |          |      |      |    |         |          |

NOTES

| | | | | | | |
|--|--|--|--|--|--|--|
| | | | | | | |

NOTES

| | | | | | | |
|--|--|--|--|--|--|--|
| | | | | | | |

NOTES

| | | | | | | |
|--|--|--|--|--|--|--|
| | | | | | | |

NOTES

| | | | | | | |
|--|--|--|--|--|--|--|
| | | | | | | |

NOTES

| | | | | | | |
|--|--|--|--|--|--|--|
| | | | | | | |

NOTES

| | | | | | | |
|--|--|--|--|--|--|--|
| | | | | | | |

NOTES

| | | | | | | |
|--|--|--|--|--|--|--|
| | | | | | | |

NOTES

| | | | | | | |
|--|--|--|--|--|--|--|
| | | | | | | |

NOTES

| | | | | | | |
|--|--|--|--|--|--|--|
| | | | | | | |

NOTES

# notes

# notes

# Monthly goals

## GOALS

**JANUARY**

**FEBRUARY**

**MARCH**

**APRIL**

**MAY**

**JUNE**

# Monthly goals

## GOALS

### JULY

### AUGUST

### SEPTEMBER

### OCTOBER

### NOVEMBER

### DECEMBER

# Weekly Log

| | WEEK 1 | WEEK 2 | WEEK 3 | WEEK 4 | WEEK 5 | TOTAL | AVERAGE |
|---|---|---|---|---|---|---|---|
| MILES/KM | | | | | | | |
| TIME | | | | | | | |

**NOTES**

| | WEEK 1 | WEEK 2 | WEEK 3 | WEEK 4 | WEEK 5 | TOTAL | AVERAGE |
|---|---|---|---|---|---|---|---|
| MILES/KM | | | | | | | |
| TIME | | | | | | | |

**NOTES**

| | WEEK 1 | WEEK 2 | WEEK 3 | WEEK 4 | WEEK 5 | TOTAL | AVERAGE |
|---|---|---|---|---|---|---|---|
| MILES/KM | | | | | | | |
| TIME | | | | | | | |

**NOTES**

**FAVORITE QUOTE** " "

# Weekly Log

| | WEEK 1 | WEEK 2 | WEEK 3 | WEEK 4 | WEEK 5 | TOTAL | AVERAGE |
|---|---|---|---|---|---|---|---|
| MILES/KM | | | | | | | |
| TIME | | | | | | | |

**NOTES**

| | WEEK 1 | WEEK 2 | WEEK 3 | WEEK 4 | WEEK 5 | TOTAL | AVERAGE |
|---|---|---|---|---|---|---|---|
| MILES/KM | | | | | | | |
| TIME | | | | | | | |

**NOTES**

| | WEEK 1 | WEEK 2 | WEEK 3 | WEEK 4 | WEEK 5 | TOTAL | AVERAGE |
|---|---|---|---|---|---|---|---|
| MILES/KM | | | | | | | |
| TIME | | | | | | | |

**NOTES**

**FAVORITE QUOTE** "                    "

# Weekly Log

| | WEEK 1 | WEEK 2 | WEEK 3 | WEEK 4 | WEEK 5 | TOTAL | AVERAGE |
|---|---|---|---|---|---|---|---|
| MILES/KM | | | | | | | |
| TIME | | | | | | | |

**NOTES**

| | WEEK 1 | WEEK 2 | WEEK 3 | WEEK 4 | WEEK 5 | TOTAL | AVERAGE |
|---|---|---|---|---|---|---|---|
| MILES/KM | | | | | | | |
| TIME | | | | | | | |

**NOTES**

| | WEEK 1 | WEEK 2 | WEEK 3 | WEEK 4 | WEEK 5 | TOTAL | AVERAGE |
|---|---|---|---|---|---|---|---|
| MILES/KM | | | | | | | |
| TIME | | | | | | | |

**NOTES**

**FAVORITE QUOTE** "                                              "

# Weekly Log

| | WEEK 1 | WEEK 2 | WEEK 3 | WEEK 4 | WEEK 5 | TOTAL | AVERAGE |
|---|---|---|---|---|---|---|---|
| MILES/KM | | | | | | | |
| TIME | | | | | | | |

**NOTES**

| | WEEK 1 | WEEK 2 | WEEK 3 | WEEK 4 | WEEK 5 | TOTAL | AVERAGE |
|---|---|---|---|---|---|---|---|
| MILES/KM | | | | | | | |
| TIME | | | | | | | |

**NOTES**

| | WEEK 1 | WEEK 2 | WEEK 3 | WEEK 4 | WEEK 5 | TOTAL | AVERAGE |
|---|---|---|---|---|---|---|---|
| MILES/KM | | | | | | | |
| TIME | | | | | | | |

**NOTES**

**FAVORITE QUOTE** " "

# Running Log

| DATE | DISTANCE | TIME | PACE | HR | REST HR | RUN TYPE |
|------|----------|------|------|-----|---------|----------|
|      |          |      |      |     |         |          |

NOTES

| | | | | | | |
|------|----------|------|------|-----|---------|----------|
| | | | | | | |

NOTES

| | | | | | | |
|------|----------|------|------|-----|---------|----------|
| | | | | | | |

NOTES

| | | | | | | |
|------|----------|------|------|-----|---------|----------|
| | | | | | | |

NOTES

| | | | | | | |
|------|----------|------|------|-----|---------|----------|
| | | | | | | |

NOTES

| | | | | | | |
|------|----------|------|------|-----|---------|----------|
| | | | | | | |

NOTES

| | | | | | | |
|------|----------|------|------|-----|---------|----------|
| | | | | | | |

NOTES

| | | | | | | |
|------|----------|------|------|-----|---------|----------|
| | | | | | | |

NOTES

| | | | | | | |
|------|----------|------|------|-----|---------|----------|
| | | | | | | |

NOTES

| | | | | | | |
|------|----------|------|------|-----|---------|----------|
| | | | | | | |

NOTES

# Running Log

| DATE | DISTANCE | TIME | PACE | HR | REST HR | RUN TYPE |
|------|----------|------|------|-----|---------|----------|
|      |          |      |      |     |         |          |

NOTES

|      |          |      |      |     |         |          |

NOTES

|      |          |      |      |     |         |          |

NOTES

|      |          |      |      |     |         |          |

NOTES

|      |          |      |      |     |         |          |

NOTES

|      |          |      |      |     |         |          |

NOTES

|      |          |      |      |     |         |          |

NOTES

|      |          |      |      |     |         |          |

NOTES

|      |          |      |      |     |         |          |

NOTES

|      |          |      |      |     |         |          |

NOTES

# Running Log

| DATE | DISTANCE | TIME | PACE | HR | REST HR | RUN TYPE |
|------|----------|------|------|-----|---------|----------|
|      |          |      |      |     |         |          |

NOTES

| DATE | DISTANCE | TIME | PACE | HR | REST HR | RUN TYPE |
|------|----------|------|------|-----|---------|----------|
|      |          |      |      |     |         |          |

NOTES

| DATE | DISTANCE | TIME | PACE | HR | REST HR | RUN TYPE |
|------|----------|------|------|-----|---------|----------|
|      |          |      |      |     |         |          |

NOTES

| DATE | DISTANCE | TIME | PACE | HR | REST HR | RUN TYPE |
|------|----------|------|------|-----|---------|----------|
|      |          |      |      |     |         |          |

NOTES

| DATE | DISTANCE | TIME | PACE | HR | REST HR | RUN TYPE |
|------|----------|------|------|-----|---------|----------|
|      |          |      |      |     |         |          |

NOTES

| DATE | DISTANCE | TIME | PACE | HR | REST HR | RUN TYPE |
|------|----------|------|------|-----|---------|----------|
|      |          |      |      |     |         |          |

NOTES

| DATE | DISTANCE | TIME | PACE | HR | REST HR | RUN TYPE |
|------|----------|------|------|-----|---------|----------|
|      |          |      |      |     |         |          |

NOTES

| DATE | DISTANCE | TIME | PACE | HR | REST HR | RUN TYPE |
|------|----------|------|------|-----|---------|----------|
|      |          |      |      |     |         |          |

NOTES

| DATE | DISTANCE | TIME | PACE | HR | REST HR | RUN TYPE |
|------|----------|------|------|-----|---------|----------|
|      |          |      |      |     |         |          |

NOTES

| DATE | DISTANCE | TIME | PACE | HR | REST HR | RUN TYPE |
|------|----------|------|------|-----|---------|----------|
|      |          |      |      |     |         |          |

NOTES

# Running Log

| DATE | DISTANCE | TIME | PACE | HR | REST HR | RUN TYPE |
|------|----------|------|------|-----|---------|----------|
|      |          |      |      |     |         |          |

NOTES

|      |          |      |      |     |         |          |

NOTES

|      |          |      |      |     |         |          |

NOTES

|      |          |      |      |     |         |          |

NOTES

|      |          |      |      |     |         |          |

NOTES

|      |          |      |      |     |         |          |

NOTES

|      |          |      |      |     |         |          |

NOTES

|      |          |      |      |     |         |          |

NOTES

|      |          |      |      |     |         |          |

NOTES

|      |          |      |      |     |         |          |

NOTES

# Running Log

| DATE | DISTANCE | TIME | PACE | HR | REST HR | RUN TYPE |
|------|----------|------|------|-----|---------|----------|
|      |          |      |      |     |         |          |

NOTES

|      |          |      |      |     |         |          |

NOTES

|      |          |      |      |     |         |          |

NOTES

|      |          |      |      |     |         |          |

NOTES

|      |          |      |      |     |         |          |

NOTES

|      |          |      |      |     |         |          |

NOTES

|      |          |      |      |     |         |          |

NOTES

|      |          |      |      |     |         |          |

NOTES

|      |          |      |      |     |         |          |

NOTES

|      |          |      |      |     |         |          |

NOTES

# Running Log

| DATE | DISTANCE | TIME | PACE | HR | REST HR | RUN TYPE |
|------|----------|------|------|-----|---------|----------|
|      |          |      |      |     |         |          |

NOTES

| | | | | | | |
|------|----------|------|------|-----|---------|----------|
| | | | | | | |

NOTES

| | | | | | | |
|------|----------|------|------|-----|---------|----------|
| | | | | | | |

NOTES

| | | | | | | |
|------|----------|------|------|-----|---------|----------|
| | | | | | | |

NOTES

| | | | | | | |
|------|----------|------|------|-----|---------|----------|
| | | | | | | |

NOTES

| | | | | | | |
|------|----------|------|------|-----|---------|----------|
| | | | | | | |

NOTES

| | | | | | | |
|------|----------|------|------|-----|---------|----------|
| | | | | | | |

NOTES

| | | | | | | |
|------|----------|------|------|-----|---------|----------|
| | | | | | | |

NOTES

| | | | | | | |
|------|----------|------|------|-----|---------|----------|
| | | | | | | |

NOTES

| | | | | | | |
|------|----------|------|------|-----|---------|----------|
| | | | | | | |

NOTES

# Running Log

| DATE | DISTANCE | TIME | PACE | HR | REST HR | RUN TYPE |
|------|----------|------|------|----|---------|----------|
|      |          |      |      |    |         |          |

**NOTES**

| | | | | | | |
|---|---|---|---|---|---|---|
| | | | | | | |

**NOTES**

| | | | | | | |
|---|---|---|---|---|---|---|
| | | | | | | |

**NOTES**

| | | | | | | |
|---|---|---|---|---|---|---|
| | | | | | | |

**NOTES**

| | | | | | | |
|---|---|---|---|---|---|---|
| | | | | | | |

**NOTES**

| | | | | | | |
|---|---|---|---|---|---|---|
| | | | | | | |

**NOTES**

| | | | | | | |
|---|---|---|---|---|---|---|
| | | | | | | |

**NOTES**

| | | | | | | |
|---|---|---|---|---|---|---|
| | | | | | | |

**NOTES**

| | | | | | | |
|---|---|---|---|---|---|---|
| | | | | | | |

**NOTES**

| | | | | | | |
|---|---|---|---|---|---|---|
| | | | | | | |

**NOTES**

| | | | | | | |
|---|---|---|---|---|---|---|
| | | | | | | |

**NOTES**

# Running Log

| DATE | DISTANCE | TIME | PACE | HR | REST HR | RUN TYPE |
|------|----------|------|------|-----|---------|----------|
|      |          |      |      |     |         |          |

NOTES

| | | | | | | |
|------|----------|------|------|-----|---------|----------|
|      |          |      |      |     |         |          |

NOTES

| | | | | | | |
|------|----------|------|------|-----|---------|----------|
|      |          |      |      |     |         |          |

NOTES

| | | | | | | |
|------|----------|------|------|-----|---------|----------|
|      |          |      |      |     |         |          |

NOTES

| | | | | | | |
|------|----------|------|------|-----|---------|----------|
|      |          |      |      |     |         |          |

NOTES

| | | | | | | |
|------|----------|------|------|-----|---------|----------|
|      |          |      |      |     |         |          |

NOTES

| | | | | | | |
|------|----------|------|------|-----|---------|----------|
|      |          |      |      |     |         |          |

NOTES

| | | | | | | |
|------|----------|------|------|-----|---------|----------|
|      |          |      |      |     |         |          |

NOTES

| | | | | | | |
|------|----------|------|------|-----|---------|----------|
|      |          |      |      |     |         |          |

NOTES

| | | | | | | |
|------|----------|------|------|-----|---------|----------|
|      |          |      |      |     |         |          |

NOTES

| | | | | | | |
|------|----------|------|------|-----|---------|----------|
|      |          |      |      |     |         |          |

NOTES

# Running Log

| DATE | DISTANCE | TIME | PACE | HR | REST HR | RUN TYPE |
|------|----------|------|------|-----|---------|----------|
|      |          |      |      |     |         |          |

NOTES

|      |          |      |      |     |         |          |

NOTES

|      |          |      |      |     |         |          |

NOTES

|      |          |      |      |     |         |          |

NOTES

|      |          |      |      |     |         |          |

NOTES

|      |          |      |      |     |         |          |

NOTES

|      |          |      |      |     |         |          |

NOTES

|      |          |      |      |     |         |          |

NOTES

|      |          |      |      |     |         |          |

NOTES

|      |          |      |      |     |         |          |

NOTES

# Running Log

| DATE | DISTANCE | TIME | PACE | HR | REST HR | RUN TYPE |
|------|----------|------|------|-----|---------|----------|
|      |          |      |      |     |         |          |

NOTES

|      |          |      |      |     |         |          |

NOTES

|      |          |      |      |     |         |          |

NOTES

|      |          |      |      |     |         |          |

NOTES

|      |          |      |      |     |         |          |

NOTES

|      |          |      |      |     |         |          |

NOTES

|      |          |      |      |     |         |          |

NOTES

|      |          |      |      |     |         |          |

NOTES

|      |          |      |      |     |         |          |

NOTES

|      |          |      |      |     |         |          |

NOTES

# Running Log

| DATE | DISTANCE | TIME | PACE | HR | REST HR | RUN TYPE |
|------|----------|------|------|----|---------|----------|
|      |          |      |      |    |         |          |

**NOTES**

| | | | | | | |
|------|----------|------|------|----|---------|----------|
|      |          |      |      |    |         |          |

**NOTES**

| | | | | | | |
|------|----------|------|------|----|---------|----------|
|      |          |      |      |    |         |          |

**NOTES**

| | | | | | | |
|------|----------|------|------|----|---------|----------|
|      |          |      |      |    |         |          |

**NOTES**

| | | | | | | |
|------|----------|------|------|----|---------|----------|
|      |          |      |      |    |         |          |

**NOTES**

| | | | | | | |
|------|----------|------|------|----|---------|----------|
|      |          |      |      |    |         |          |

**NOTES**

| | | | | | | |
|------|----------|------|------|----|---------|----------|
|      |          |      |      |    |         |          |

**NOTES**

| | | | | | | |
|------|----------|------|------|----|---------|----------|
|      |          |      |      |    |         |          |

**NOTES**

| | | | | | | |
|------|----------|------|------|----|---------|----------|
|      |          |      |      |    |         |          |

**NOTES**

| | | | | | | |
|------|----------|------|------|----|---------|----------|
|      |          |      |      |    |         |          |

**NOTES**

# Running Log

| DATE | DISTANCE | TIME | PACE | HR | REST HR | RUN TYPE |
|------|----------|------|------|----|---------|----------|
|      |          |      |      |    |         |          |

NOTES

|      |          |      |      |    |         |          |

NOTES

|      |          |      |      |    |         |          |

NOTES

|      |          |      |      |    |         |          |

NOTES

|      |          |      |      |    |         |          |

NOTES

|      |          |      |      |    |         |          |

NOTES

|      |          |      |      |    |         |          |

NOTES

|      |          |      |      |    |         |          |

NOTES

|      |          |      |      |    |         |          |

NOTES

|      |          |      |      |    |         |          |

NOTES

# Running Log

| DATE | DISTANCE | TIME | PACE | HR | REST HR | RUN TYPE |
|------|----------|------|------|-----|---------|----------|
|      |          |      |      |     |         |          |

NOTES

|      |          |      |      |     |         |          |

NOTES

|      |          |      |      |     |         |          |

NOTES

|      |          |      |      |     |         |          |

NOTES

|      |          |      |      |     |         |          |

NOTES

|      |          |      |      |     |         |          |

NOTES

|      |          |      |      |     |         |          |

NOTES

|      |          |      |      |     |         |          |

NOTES

|      |          |      |      |     |         |          |

NOTES

|      |          |      |      |     |         |          |

NOTES

# Running Log

| DATE | DISTANCE | TIME | PACE | HR | REST HR | RUN TYPE |
|------|----------|------|------|----|---------|----------|
|      |          |      |      |    |         |          |

NOTES

| | | | | | | |
|---|---|---|---|---|---|---|
| | | | | | | |

NOTES

| | | | | | | |
|---|---|---|---|---|---|---|
| | | | | | | |

NOTES

| | | | | | | |
|---|---|---|---|---|---|---|
| | | | | | | |

NOTES

| | | | | | | |
|---|---|---|---|---|---|---|
| | | | | | | |

NOTES

| | | | | | | |
|---|---|---|---|---|---|---|
| | | | | | | |

NOTES

| | | | | | | |
|---|---|---|---|---|---|---|
| | | | | | | |

NOTES

| | | | | | | |
|---|---|---|---|---|---|---|
| | | | | | | |

NOTES

| | | | | | | |
|---|---|---|---|---|---|---|
| | | | | | | |

NOTES

| | | | | | | |
|---|---|---|---|---|---|---|
| | | | | | | |

NOTES

# Running Log

| DATE | DISTANCE | TIME | PACE | HR | REST HR | RUN TYPE |
|------|----------|------|------|----|---------|----------|
|      |          |      |      |    |         |          |

NOTES

| | | | | | | |
|------|----------|------|------|----|---------|----------|
|      |          |      |      |    |         |          |

NOTES

| | | | | | | |
|------|----------|------|------|----|---------|----------|
|      |          |      |      |    |         |          |

NOTES

| | | | | | | |
|------|----------|------|------|----|---------|----------|
|      |          |      |      |    |         |          |

NOTES

| | | | | | | |
|------|----------|------|------|----|---------|----------|
|      |          |      |      |    |         |          |

NOTES

| | | | | | | |
|------|----------|------|------|----|---------|----------|
|      |          |      |      |    |         |          |

NOTES

| | | | | | | |
|------|----------|------|------|----|---------|----------|
|      |          |      |      |    |         |          |

NOTES

| | | | | | | |
|------|----------|------|------|----|---------|----------|
|      |          |      |      |    |         |          |

NOTES

| | | | | | | |
|------|----------|------|------|----|---------|----------|
|      |          |      |      |    |         |          |

NOTES

| | | | | | | |
|------|----------|------|------|----|---------|----------|
|      |          |      |      |    |         |          |

NOTES

# Running Log

| DATE | DISTANCE | TIME | PACE | HR | REST HR | RUN TYPE |
|------|----------|------|------|-----|---------|----------|
|      |          |      |      |     |         |          |

NOTES

| | | | | | | |
|---|---|---|---|---|---|---|
| | | | | | | |

NOTES

| | | | | | | |
|---|---|---|---|---|---|---|
| | | | | | | |

NOTES

| | | | | | | |
|---|---|---|---|---|---|---|
| | | | | | | |

NOTES

| | | | | | | |
|---|---|---|---|---|---|---|
| | | | | | | |

NOTES

| | | | | | | |
|---|---|---|---|---|---|---|
| | | | | | | |

NOTES

| | | | | | | |
|---|---|---|---|---|---|---|
| | | | | | | |

NOTES

| | | | | | | |
|---|---|---|---|---|---|---|
| | | | | | | |

NOTES

| | | | | | | |
|---|---|---|---|---|---|---|
| | | | | | | |

NOTES

| | | | | | | |
|---|---|---|---|---|---|---|
| | | | | | | |

NOTES

# Running Log

| DATE | DISTANCE | TIME | PACE | HR | REST HR | RUN TYPE |
|------|----------|------|------|-----|---------|----------|
|      |          |      |      |     |         |          |

NOTES

|      |          |      |      |     |         |          |

NOTES

|      |          |      |      |     |         |          |

NOTES

|      |          |      |      |     |         |          |

NOTES

|      |          |      |      |     |         |          |

NOTES

|      |          |      |      |     |         |          |

NOTES

|      |          |      |      |     |         |          |

NOTES

|      |          |      |      |     |         |          |

NOTES

|      |          |      |      |     |         |          |

NOTES

|      |          |      |      |     |         |          |

NOTES

# Running Log

| DATE | DISTANCE | TIME | PACE | HR | REST HR | RUN TYPE |
|------|----------|------|------|----|---------|----------|
|      |          |      |      |    |         |          |

NOTES

| | | | | | | |
|--|--|--|--|--|--|--|
| | | | | | | |

NOTES

| | | | | | | |
|--|--|--|--|--|--|--|
| | | | | | | |

NOTES

| | | | | | | |
|--|--|--|--|--|--|--|
| | | | | | | |

NOTES

| | | | | | | |
|--|--|--|--|--|--|--|
| | | | | | | |

NOTES

| | | | | | | |
|--|--|--|--|--|--|--|
| | | | | | | |

NOTES

| | | | | | | |
|--|--|--|--|--|--|--|
| | | | | | | |

NOTES

| | | | | | | |
|--|--|--|--|--|--|--|
| | | | | | | |

NOTES

| | | | | | | |
|--|--|--|--|--|--|--|
| | | | | | | |

NOTES

| | | | | | | |
|--|--|--|--|--|--|--|
| | | | | | | |

NOTES

# Running Log

| DATE | DISTANCE | TIME | PACE | HR | REST HR | RUN TYPE |
|------|----------|------|------|-----|---------|----------|
|      |          |      |      |     |         |          |

NOTES

|      |          |      |      |     |         |          |

NOTES

|      |          |      |      |     |         |          |

NOTES

|      |          |      |      |     |         |          |

NOTES

|      |          |      |      |     |         |          |

NOTES

|      |          |      |      |     |         |          |

NOTES

|      |          |      |      |     |         |          |

NOTES

|      |          |      |      |     |         |          |

NOTES

|      |          |      |      |     |         |          |

NOTES

|      |          |      |      |     |         |          |

NOTES

# Running Log

| DATE | DISTANCE | TIME | PACE | HR | REST HR | RUN TYPE |
|------|----------|------|------|----|---------|---------| 
|      |          |      |      |    |         |         |

NOTES

| | | | | | | |
|--|--|--|--|--|--|--|
| | | | | | | |

NOTES

| | | | | | | |
|--|--|--|--|--|--|--|
| | | | | | | |

NOTES

| | | | | | | |
|--|--|--|--|--|--|--|
| | | | | | | |

NOTES

| | | | | | | |
|--|--|--|--|--|--|--|
| | | | | | | |

NOTES

| | | | | | | |
|--|--|--|--|--|--|--|
| | | | | | | |

NOTES

| | | | | | | |
|--|--|--|--|--|--|--|
| | | | | | | |

NOTES

| | | | | | | |
|--|--|--|--|--|--|--|
| | | | | | | |

NOTES

| | | | | | | |
|--|--|--|--|--|--|--|
| | | | | | | |

NOTES

| | | | | | | |
|--|--|--|--|--|--|--|
| | | | | | | |

NOTES

# Running Log

| DATE | DISTANCE | TIME | PACE | HR | REST HR | RUN TYPE |
|------|----------|------|------|----|---------|----------|
|      |          |      |      |    |         |          |

NOTES

|      |          |      |      |    |         |          |

NOTES

|      |          |      |      |    |         |          |

NOTES

|      |          |      |      |    |         |          |

NOTES

|      |          |      |      |    |         |          |

NOTES

|      |          |      |      |    |         |          |

NOTES

|      |          |      |      |    |         |          |

NOTES

|      |          |      |      |    |         |          |

NOTES

|      |          |      |      |    |         |          |

NOTES

|      |          |      |      |    |         |          |

NOTES

# Running Log

| DATE | DISTANCE | TIME | PACE | HR | REST HR | RUN TYPE |
|------|----------|------|------|----|---------|---------| 
|      |          |      |      |    |         |          |

NOTES

|      |          |      |      |    |         |          |

NOTES

|      |          |      |      |    |         |          |

NOTES

|      |          |      |      |    |         |          |

NOTES

|      |          |      |      |    |         |          |

NOTES

|      |          |      |      |    |         |          |

NOTES

|      |          |      |      |    |         |          |

NOTES

|      |          |      |      |    |         |          |

NOTES

|      |          |      |      |    |         |          |

NOTES

|      |          |      |      |    |         |          |

NOTES

# Running Log

| DATE | DISTANCE | TIME | PACE | HR | REST HR | RUN TYPE |
|------|----------|------|------|-----|---------|----------|
|      |          |      |      |     |         |          |

NOTES

| | | | | | | |
|---|---|---|---|---|---|---|
| | | | | | | |

NOTES

| | | | | | | |
|---|---|---|---|---|---|---|
| | | | | | | |

NOTES

| | | | | | | |
|---|---|---|---|---|---|---|
| | | | | | | |

NOTES

| | | | | | | |
|---|---|---|---|---|---|---|
| | | | | | | |

NOTES

| | | | | | | |
|---|---|---|---|---|---|---|
| | | | | | | |

NOTES

| | | | | | | |
|---|---|---|---|---|---|---|
| | | | | | | |

NOTES

| | | | | | | |
|---|---|---|---|---|---|---|
| | | | | | | |

NOTES

| | | | | | | |
|---|---|---|---|---|---|---|
| | | | | | | |

NOTES

| | | | | | | |
|---|---|---|---|---|---|---|
| | | | | | | |

NOTES

# Running Log

| DATE | DISTANCE | TIME | PACE | HR | REST HR | RUN TYPE |
|------|----------|------|------|-----|---------|----------|
|      |          |      |      |     |         |          |

NOTES

|      |          |      |      |     |         |          |

NOTES

|      |          |      |      |     |         |          |

NOTES

|      |          |      |      |     |         |          |

NOTES

|      |          |      |      |     |         |          |

NOTES

|      |          |      |      |     |         |          |

NOTES

|      |          |      |      |     |         |          |

NOTES

|      |          |      |      |     |         |          |

NOTES

|      |          |      |      |     |         |          |

NOTES

|      |          |      |      |     |         |          |

NOTES

# Running Log

| DATE | DISTANCE | TIME | PACE | HR | REST HR | RUN TYPE |
|------|----------|------|------|-----|---------|----------|
|      |          |      |      |     |         |          |

NOTES

|      |          |      |      |     |         |          |

NOTES

|      |          |      |      |     |         |          |

NOTES

|      |          |      |      |     |         |          |

NOTES

|      |          |      |      |     |         |          |

NOTES

|      |          |      |      |     |         |          |

NOTES

|      |          |      |      |     |         |          |

NOTES

|      |          |      |      |     |         |          |

NOTES

|      |          |      |      |     |         |          |

NOTES

|      |          |      |      |     |         |          |

NOTES

# Running Log

| DATE | DISTANCE | TIME | PACE | HR | REST HR | RUN TYPE |
|------|----------|------|------|-----|---------|----------|
|      |          |      |      |     |         |          |

NOTES

| | | | | | | |
|---|---|---|---|---|---|---|
| | | | | | | |

NOTES

| | | | | | | |
|---|---|---|---|---|---|---|
| | | | | | | |

NOTES

| | | | | | | |
|---|---|---|---|---|---|---|
| | | | | | | |

NOTES

| | | | | | | |
|---|---|---|---|---|---|---|
| | | | | | | |

NOTES

| | | | | | | |
|---|---|---|---|---|---|---|
| | | | | | | |

NOTES

| | | | | | | |
|---|---|---|---|---|---|---|
| | | | | | | |

NOTES

| | | | | | | |
|---|---|---|---|---|---|---|
| | | | | | | |

NOTES

| | | | | | | |
|---|---|---|---|---|---|---|
| | | | | | | |

NOTES

| | | | | | | |
|---|---|---|---|---|---|---|
| | | | | | | |

NOTES

| | | | | | | |
|---|---|---|---|---|---|---|
| | | | | | | |

NOTES

# Running Log

| DATE | DISTANCE | TIME | PACE | HR | REST HR | RUN TYPE |
|------|----------|------|------|----|---------|----------|
|      |          |      |      |    |         |          |

NOTES

| | | | | | | |
|---|---|---|---|---|---|---|
| | | | | | | |

NOTES

| | | | | | | |
|---|---|---|---|---|---|---|
| | | | | | | |

NOTES

| | | | | | | |
|---|---|---|---|---|---|---|
| | | | | | | |

NOTES

| | | | | | | |
|---|---|---|---|---|---|---|
| | | | | | | |

NOTES

| | | | | | | |
|---|---|---|---|---|---|---|
| | | | | | | |

NOTES

| | | | | | | |
|---|---|---|---|---|---|---|
| | | | | | | |

NOTES

| | | | | | | |
|---|---|---|---|---|---|---|
| | | | | | | |

NOTES

| | | | | | | |
|---|---|---|---|---|---|---|
| | | | | | | |

NOTES

| | | | | | | |
|---|---|---|---|---|---|---|
| | | | | | | |

NOTES

# Running Log

| DATE | DISTANCE | TIME | PACE | HR | REST HR | RUN TYPE |
|------|----------|------|------|----|---------|----------|
|      |          |      |      |    |         |          |

NOTES

| | | | | | | |
|---|---|---|---|---|---|---|
| | | | | | | |

NOTES

| | | | | | | |
|---|---|---|---|---|---|---|
| | | | | | | |

NOTES

| | | | | | | |
|---|---|---|---|---|---|---|
| | | | | | | |

NOTES

| | | | | | | |
|---|---|---|---|---|---|---|
| | | | | | | |

NOTES

| | | | | | | |
|---|---|---|---|---|---|---|
| | | | | | | |

NOTES

| | | | | | | |
|---|---|---|---|---|---|---|
| | | | | | | |

NOTES

| | | | | | | |
|---|---|---|---|---|---|---|
| | | | | | | |

NOTES

| | | | | | | |
|---|---|---|---|---|---|---|
| | | | | | | |

NOTES

| | | | | | | |
|---|---|---|---|---|---|---|
| | | | | | | |

NOTES

| | | | | | | |
|---|---|---|---|---|---|---|
| | | | | | | |

NOTES

# Running Log

| DATE | DISTANCE | TIME | PACE | HR | REST HR | RUN TYPE |
|------|----------|------|------|----|---------|----------|
|      |          |      |      |    |         |          |

NOTES

|      |          |      |      |    |         |          |

NOTES

|      |          |      |      |    |         |          |

NOTES

|      |          |      |      |    |         |          |

NOTES

|      |          |      |      |    |         |          |

NOTES

|      |          |      |      |    |         |          |

NOTES

|      |          |      |      |    |         |          |

NOTES

|      |          |      |      |    |         |          |

NOTES

|      |          |      |      |    |         |          |

NOTES

|      |          |      |      |    |         |          |

NOTES

# Running Log

| DATE | DISTANCE | TIME | PACE | HR | REST HR | RUN TYPE |
|------|----------|------|------|-----|---------|----------|
|      |          |      |      |     |         |          |

NOTES

| | | | | | | |
|---|---|---|---|---|---|---|
| | | | | | | |

NOTES

| | | | | | | |
|---|---|---|---|---|---|---|
| | | | | | | |

NOTES

| | | | | | | |
|---|---|---|---|---|---|---|
| | | | | | | |

NOTES

| | | | | | | |
|---|---|---|---|---|---|---|
| | | | | | | |

NOTES

| | | | | | | |
|---|---|---|---|---|---|---|
| | | | | | | |

NOTES

| | | | | | | |
|---|---|---|---|---|---|---|
| | | | | | | |

NOTES

| | | | | | | |
|---|---|---|---|---|---|---|
| | | | | | | |

NOTES

| | | | | | | |
|---|---|---|---|---|---|---|
| | | | | | | |

NOTES

| | | | | | | |
|---|---|---|---|---|---|---|
| | | | | | | |

NOTES

| | | | | | | |
|---|---|---|---|---|---|---|
| | | | | | | |

NOTES

# Running Log

| DATE | DISTANCE | TIME | PACE | HR | REST HR | RUN TYPE |
|------|----------|------|------|-----|---------|----------|
|      |          |      |      |     |         |          |

NOTES

|      |          |      |      |     |         |          |

NOTES

|      |          |      |      |     |         |          |

NOTES

|      |          |      |      |     |         |          |

NOTES

|      |          |      |      |     |         |          |

NOTES

|      |          |      |      |     |         |          |

NOTES

|      |          |      |      |     |         |          |

NOTES

|      |          |      |      |     |         |          |

NOTES

|      |          |      |      |     |         |          |

NOTES

|      |          |      |      |     |         |          |

NOTES

# Running Log

| DATE | DISTANCE | TIME | PACE | HR | REST HR | RUN TYPE |
|------|----------|------|------|-----|---------|----------|
|      |          |      |      |     |         |          |

NOTES

|      |          |      |      |     |         |          |

NOTES

|      |          |      |      |     |         |          |

NOTES

|      |          |      |      |     |         |          |

NOTES

|      |          |      |      |     |         |          |

NOTES

|      |          |      |      |     |         |          |

NOTES

|      |          |      |      |     |         |          |

NOTES

|      |          |      |      |     |         |          |

NOTES

|      |          |      |      |     |         |          |

NOTES

|      |          |      |      |     |         |          |

NOTES

# Running Log

| DATE | DISTANCE | TIME | PACE | HR | REST HR | RUN TYPE |
|------|----------|------|------|-----|---------|----------|
|      |          |      |      |     |         |          |

NOTES

|      |          |      |      |     |         |          |

NOTES

|      |          |      |      |     |         |          |

NOTES

|      |          |      |      |     |         |          |

NOTES

|      |          |      |      |     |         |          |

NOTES

|      |          |      |      |     |         |          |

NOTES

|      |          |      |      |     |         |          |

NOTES

|      |          |      |      |     |         |          |

NOTES

|      |          |      |      |     |         |          |

NOTES

|      |          |      |      |     |         |          |

NOTES

# Running Log

| DATE | DISTANCE | TIME | PACE | HR | REST HR | RUN TYPE |
|------|----------|------|------|----|---------|----------|
|      |          |      |      |    |         |          |

NOTES

| | | | | | | |
|--|--|--|--|--|--|--|
| | | | | | | |

NOTES

| | | | | | | |
|--|--|--|--|--|--|--|
| | | | | | | |

NOTES

| | | | | | | |
|--|--|--|--|--|--|--|
| | | | | | | |

NOTES

| | | | | | | |
|--|--|--|--|--|--|--|
| | | | | | | |

NOTES

| | | | | | | |
|--|--|--|--|--|--|--|
| | | | | | | |

NOTES

| | | | | | | |
|--|--|--|--|--|--|--|
| | | | | | | |

NOTES

| | | | | | | |
|--|--|--|--|--|--|--|
| | | | | | | |

NOTES

| | | | | | | |
|--|--|--|--|--|--|--|
| | | | | | | |

NOTES

| | | | | | | |
|--|--|--|--|--|--|--|
| | | | | | | |

NOTES

# notes

# notes

# notes

# notes

Made in the USA
Monee, IL
25 May 2022

97014409R10074